幸福路上的故事

——"幸福德育"的实践与探索

Stories In The Pursuit Of Happiness

陈姗 ◎主编

现代教育出版社

图书在版编目（CIP）数据

幸福路上的故事："幸福德育"的实践与探索 / 陈姗主编 .
—北京：现代教育出版社，2013.12
ISBN 978-7-5106-1070-7

Ⅰ．①幸…　Ⅱ．①陈…　Ⅲ．①德育－研究－中国
Ⅳ．① G41

中国版本图书馆 CIP 数据核字（2014）第 002350 号

幸福路上的故事："幸福德育"的实践与探索

陈姗　主编

责任编辑：刘兰兰
封面设计：中尚图
出版发行：现代教育出版社
地　　址：北京市朝阳区安华里 504 号 E 座
邮政编码：100011
电　　话：（010）64251256
传　　真：（010）64251256
印　　刷：北京紫瑞利印刷有限公司
开　　本：710mm×1000mm　1/16
印　　张：13.5
字　　数：207 千字
版　　次：2014 年 1 月第 1 版
印　　次：2014 年 1 月第 1 次印刷

书　　号：ISBN 978-7-5106-1070-7
定　　价：32.00 元

记得一位专家说过这样一句话："不论到什么地方，幸福步步跟随着我；这种幸福并不是存在于任何可以明确指出的事物中，而完全是在我的身上，片刻也不能离开我。"我希望五一小学的老师和学生们能拥有这样的幸福。

——陈姗

序

　　由衷感谢五一小学这本《幸福路上的故事》，在岁末一个阴冷的傍晚使旅途中的我内心平添许多别样的暖意。

　　五一小学是北京市海淀区西南边陲的一所历史名校。在继承六十年办学传统的基础上，近年学校与时俱进，根据社会发展和学生成长的最新需求，提出"为每个孩子的幸福人生奠基"的办学理念，并用心开展了"幸福德育"的实践探索。《幸福路上的故事》就是这一宝贵探索的集中展示。

　　把师生的幸福作为德育的价值取向，在德育观念、内容、方法上进行改革，使德育成为帮助学生理解幸福、体验幸福、培养幸福能力的过程，让德育真正成为师生幸福的源泉和成长的动力，是这一可贵探索的核心目标。的确，要获得幸福人生，就必须具备感受幸福和创造幸福的基本能力。帮助学生修炼幸福能力，学校教育大有可为。

　　支持五一小学老师们对"幸福德育"持续、坚定探索的基本依据，还有一个重要的判断。那就是：许多德育活动缺乏实效性的重要原因之一是学生根本不把德育看成是完善自身品德、获得幸福生活的"为己之学"，而只是被动地接受某些道德知识，被所谓的"教育"简单、外在、强制形塑的痛苦历程。

　　《幸福路上的故事》是五一小学《向着幸福出发》一书的姊妹篇。

　　《向着幸福出发》一书重点阐释了"幸福德育"的基本内涵，以及将"幸福教育"作为学校教育核心目标的基本依据。"人的发展，说到底是人的内在的精神的发育。教育的最高目的是培养完整的人。"因此德育实践的出发点、终极归宿就都必须着眼于"人"的发展这一终极目的，而不是服务于任何其他外在目的。人生幸福的实现程度是衡量德育和全部教育活动的根本尺度。《幸福路上的故事》则是在理论研讨基础上对"幸福德育"实践探索的生动描述。学校注重规范育人，重在习惯养成，并逐步内化为个人教养；注重班级文化建设，营造温馨的教室环境，旨在让孩子亲手创造属于自己的"幸福班级"；发挥课堂的主阵地作用，努力焕发课堂德育的勃勃生机；关注特殊儿童的教育，让情感和行动融合生成具有道德性的幸福感受与能力……总之在五一小学，幸福已不再是空洞的口号，也不是虚玄的理念，幸福德育实实在在落实在广大师生的生活体验与日常行动之中。

五一小学老师们对幸福德育探究的方法，主要是叙事研究。《幸福路上的故事》也就自然采用教育故事的呈现方式——总共包括养成教育的故事、特殊儿童教育的故事、班级文化建设的故事、教育方法的故事、课堂德育的故事等六类。这些故事覆盖了学校德育工作的方方面面，而由于故事作者的年龄、教龄、性别以及工作经验等方面的巨大差异，幸福德育的故事也就呈现出多彩绚丽的光谱。只要你愿意打开《幸福路上的故事》，一个个扣人心弦的教育故事情节就立刻跃然纸上：

故事1：发令后，他起跑还是慢了一点。跑出20米左右，他明显落后了……这时，他突然停下了，气哼哼地走到跑道的旁边，用力扯下一条爬山虎的枝条，走到跑道中间，拿起枝条用力抽打地面，边抽边大声喊叫"抽死你！抽死你！"……

故事2：刚下体育课，怎么又打起来了？我眉头紧锁地来到教室门口，看到这样一幕：气得像只斗鸡的小玮，被三五个同学拉着胳膊摁着肩膀，却还在奋力挣脱，并抬腿踢门。周围的孩子们一个劲儿地喊："看住门，千万别让他进去！"而班里的孩子正死死地顶住门……

故事3：孩子们排着队刚出校门，她爸爸就冲了过来，把她从队伍中抢出来，摘下孩子的书包得意地扔到自己肩上。其他家长见状不等我宣布解散，也都上来领孩子。整个队伍立刻乱作一团……

故事4：我正在讲评试卷，突然听到有学生说："老师，小润在撕卷子。"一听这话，我连忙将视线转移到了小润身上。不看不要紧，一看便怒从心生，气得发抖，这家伙，丝毫不顾忌我正看着他，发疯似的将试卷撕碎，还天女散花般的扔得满地都是……

这些真实的情境显然是一般人无法在短时间内一一亲身经历的。

面对脾气大爆发的同学应该怎么办？同学之间的突发冲突应该怎样处理？面对家长的一些错误做法如何沟通？更重要的是：在如此复杂、困难的教育情境中，教育者如何还能"咬定青山不放松"坚守幸福德育的理念？《幸福路上的故事》提供的答案当然不是唯一正确的选项，但却是弥足珍贵、值得参考和借鉴的宝贵经验。

其实叙事研究本不追求把所谓普遍经验和客观规律概括出来、给他人布道，而是要把事实和过程如实演绎，让同道者自己去倾听、去感悟、去行动。故我相信：读者诸君若能珍视书中每一个作者的经验、看法和感受，把这些故事当做宝藏来开发，就一定能与五一小学的同事们一起携手走在幸福德育的路上，体会教育人生的精彩与温暖。

2013年12月

目 录 / contents

引子：做个有故事的教师

文 / 陈姗（北京市海淀区五一小学）

我不是擅长搞研究的人，因此对于研究方法也不是特别了解。我感觉教育叙事，就是引导教师讲有关教育的故事。我想其实质可能不是为讲故事而讲故事，而是要通过讲述教育故事帮助自己开展对现象的思索，对问题的研究。或者说让自己对过去教育生活中司空见惯的细节重新审视，去发现其中细微的教育蕴涵，使看似平淡的日常教育生活显现其并不平凡的教育意义。因此，教师应该成为一个有"故事"的人。

我们鼓励教师写出自己的教育故事，希望他们个个成为研究型教师，但是教师们并不是听我们怎么说的，还要看我们怎么做！做校长的可以坐在办公室里想出一些促进教师专业发展的举措，但是连我们自己都不愿去实践，而是非要教师们去实践这不是非常幼稚可笑的事情吗？因此我先讲几个我做教师时经历的故事给大家听吧。

小蚂蚁大道理

一天我听二年级的课，老师提出了这样一个问题"你知道哪些关于动物的知识？"课堂顿时热闹起来，孩子们议论纷纷。忽然一个小胖子站起来说："老师，我知道蚂蚁的腹部是酸的，我尝过。"同学们全愣住了，老师也向我投来求助的目光，我苦笑着向她摇摇头。下课后我来到校园后的操场上，抓了一只蚂蚁偷偷地放进嘴里，一点不酸。于是我找到了这个男孩，他告诉我"普通的蚂蚁太小，要山上的大蚂蚁才行。"几天后我和孩子们去登山，还真看到了那个男孩子说的大蚂蚁。我抓了一只用舌尖轻轻舔了一下它的腹部，真是酸酸的。这件事让我觉得有时孩子们会在一些大人不知的领域里有很真切的发现。这些发现不一定有效,但却一定很有趣味。

蜻蜓的眼睛

一堂美术课上,我旁边的一个小女孩在画蜻蜓。她画了两只蜻蜓,一大一小分别落在两棵草上,面对面的互相望着。让我感兴趣的是她画的蜻蜓的眼睛又弯又细,像两个小月牙向上翘着,而且还长着长长的睫毛。我觉得小姑娘一定是没有仔细观察才画走了样。我悄声对她说:"蜻蜓的眼睛又大又圆,你一定没仔细观察。"小姑娘小声地告诉我"我知道呀!可今天我画的是蜻蜓妈妈和小宝宝,妈妈望着自己的小宝宝把眼睛笑成了一条线,小宝宝也在冲着妈妈笑呢。"我一看可不是,两只蜻蜓都长着一双"笑眼"。我明白过来不是孩子把蜻蜓的眼睛画小了,孩子是在用心灵作画,而心灵的美妙使世界妙不可言!这一刻我很惭愧自己想象力的贫乏。尽管我经常在课堂上教孩子们怎样想象。

弯弯的月亮

一天,我在校图书馆看了一则小故事内容如下:

一次,老师在课堂上提问:"弯弯的月亮像什么?"孩子们异口同声地回答:"像小船儿"。老师很高兴。可是一个叫星子的小女孩却举手说:"弯弯的月亮像豆角",同学们哄堂大笑,老师也一脸不高兴。星子回到家问做过教师的奶奶,奶奶也说老师说得对。从此星子再也不敢提出"特别"的问题了。几年过去了,星子也做了小学教师,她走上讲台的第一课就是问:"弯弯的月亮像什么?"孩子们异口同声地回答"像小船儿",这时一个叫田菲的同学举手说:"弯弯的月亮像豆角"。星子听后很高兴,对大家说:"田菲答得很正确,当然其他同学答得也正确。"几十年后已退休在家的星子接到了女作家田菲寄来的长篇小说《弯弯的月亮》……

看完故事我感到肩负的责任更重了。

美丽的公鸡

讲完《美丽的公鸡》这一课我正在指导孩子们做作业，突然一个小女孩举手问我"老师，您说为什么公鸡每天早晨打鸣叫人们早起后就成了一只真正美丽的公鸡了？"于是我向她解释"因为美不美不能只看外表，还要看内心。"小女孩摇摇头一脸疑惑，她问我"那您说，开始长着大红冠子、金黄脚的公鸡不美吗？""那只是外表美，不是真正的美。"我对她说。"可我总认为公鸡要比蜜蜂、青蛙美。"小女孩说。

无论我怎么说，小女孩始终无法理解心灵美与外表美的区别。我越是对她解释就越是平添她的困惑。按她的逻辑：凡是好看的就美丽。

一天，下大雪这个小女孩把腿摔伤了，我马上把她送到医院，挂号，诊断，照片，楼上楼下我背着她跑了好几趟，一切办完后，她的父母赶到了医院，于是我们一起把她送到家。到家后已经九点多了，把小女孩安置好我就要告别回家，可这时小女孩却要我陪她说几句话，于是我走到小女孩床边坐下来，小女孩认真地端详了我一会，然后趴在我耳边轻轻地说："老师，我觉得您真美！"小女孩的话使我面如关公。小女孩却没有发现我的变化，仍是一脸庄重的望着我，认真地说："这就是您说的'美丽'吧！"我冲她点点头。

我怀着欣喜的心情离开了小女孩的家，因为我相信她在偶然间明白了人类一个最为深奥的道理。

第一章　幸福在心

——养成教育的故事

　　美国心理学家威廉·詹姆士说过这样一句话："播下一个行动，收获一种习惯；播下一种习惯，收获一种性格；播下一种性格，收获一种命运。"一九八八年，世界各国诺贝尔奖得主在巴黎聚会。会上，有人问一位诺贝尔科学奖得主："您在哪所大学、哪个实验室学到了您认为是最主要的东西呢？"谁知，这位白发苍苍的老学者回答道："是幼儿园。"这个人诧异地问道："在幼儿园能学到什么东西呢？"获奖者回答说："把自己的东西分一半给小伙伴们，不是自己的东西不要，物品放整齐，吃饭前要洗手，做错事要表示道歉，午饭后休息时不打扰别人……"不难看出，老学者所提到的，都是养成良好行为习惯的范畴，都属于非智力因素。可以说，好习惯是学生幸福人生的奠基石。

故事 1：顽石与鹅卵石

文 / 常颖（北京市海淀区五一小学）

　　今年开学我很高兴又迎来了一批可爱的一年级小学生。他们天真活泼，一张张灿烂的笑脸就像一个个小音符每天在我眼前跳动。看着这些可爱的孩子们，我想用我的童心、我的智慧将他们谱写成一首美丽动听的乐曲。然而班里总会有那么几个不和谐的小音符，小阳就是其中的一个。

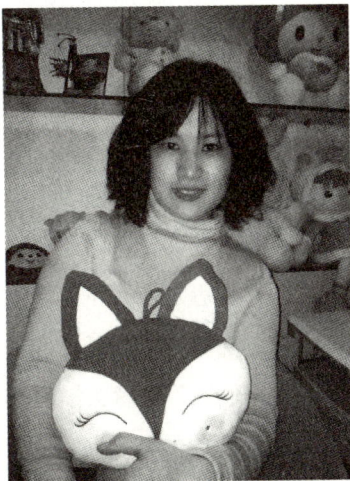

　　刚刚开学的时候他显得并不那么张扬，也许是在试探眼前的这个老师究竟是严厉的、可怕的，还是温柔的、可以不怕的。开学后的一段时间里，事实证明了我在他的心里是后者：我要求上课铃响后坐端正安静地等着老师来上课，他回头和同学说话；我说发言先举手，他总是边说话边举手；我说同学回答问题要认真听，他却在下面玩东西；我讲书上习题时发现刚刚一年级的他竟然会用书挡住玩儿东西；我对学生说下课时要做正当有意义的、不危险的游戏，他总是带头追跑打闹；我说轻声慢步靠右行，他偏不知左右地跑来跑去；上操排队时我要求做到快、静、齐，他会很快地站好队和别人说话，不顾有没有口令。

　　几年来的工作经验告诉我这个孩子没有良好的学习习惯和行为习惯。面对这样一个习惯极其不好的一年级的学生，开始我还想对于我来说管好他并不是件难事。对其他学生讲一遍、两遍，对他多提醒几遍、多注意一下不就行了，小孩子听老师的话好哄。于是，刚开始的时候每一次出现问题，我就点他的名字并在课后单独找到他，告诉他哪儿做错了，应该怎样做。还经常语重心长地给他讲道理："你看，别的同学表现得多棒呀！你可不能落在他们后面，学习的知识比别人多，长大了才有出息"。"下课要和同学做不危险的游戏，要是摔着了疼的是自己，着急的、花钱的是家长"。"如果你总是站不好队会影响咱们整个班集体的荣誉的，每个同学都应该爱自己的班集体"……每一次谈话后他都表示自己能够做好，一定会改。可是第二天一来，半天都不到就又恢复到原样。尤其下课告他状的学生越来越多："老师，小阳把我从楼梯上推下来"；"老师，小阳用跳绳打人"。每天都会有学生来告他的状。听到这些，自认为还比较有耐性的我也被气得火冒三丈并把他叫过来狠狠地批评一顿："怎么和你说都不行，你是不懂道理吗？别人都进步，你怎么就退步！"随后的日子里我也将平日温柔的面容收敛起来，想让他知道什么是严厉的老师。他站不好队就让他在旁边练习；下课调皮捣蛋就站好反思。几天下来我发现他是"变了"，在我的怒气、怒视下他变得更糟糕：上课困了就呼呼睡大觉；还随随便便拿别人的东西；下课同学们都不喜欢和他玩，他就去欺负其他班的同学。

出现这样的状况后，我及时找到他的家长，与家长沟通。从他父母口中得知，小阳从小就和爷爷奶奶一起生活，直到去年才接到父母身边。由于老人溺爱孩子，没有养成良好的行为习惯，在家也是如此，为这，他也没少挨揍。上幼儿园时，老师也为他费了不少心，他父母对孩子并不十分了解，加上平时由于工作忙，文化水平也不高，没有更多的时间和有效的方法去教育他。了解了这些情况，又经过一阵深思熟虑后我决定要帮助小阳彻底的改变。回想入学后的那段时间在众多羞涩的小孩子当中，他并不显得那么害羞，他喜欢积极发言，而且声音特别响亮，写字时非常认真，能够做到干净、整齐、漂亮。尤其喜欢上英语课，从没听说过英语老师批评过他。真不敢相信我能一下子发现他身上有这么多优点，于是我就找他谈话，跟他说，老师喜欢原来爱动脑筋的、积极发言的他，不喜欢现在的他。听了以后，他好像有点感触，好像知道了原来老师也喜欢他。我又结合在班中搞的"花儿开在我心中"评比活动对他进行教育，开始他由于纪律差一朵花也没有得到，于是我与他的家长商量，每天回家后只要他表现好，就可以在家中得到一朵花，而且可贴到班中。有了这个动力，聪明的他逐渐的也可以专心听讲、没有小动作了，下课能够和同学友好地游戏了，他在一点一点地进步。

有一次班会上我让每个孩子说说自己成长的快乐与烦恼。他在班中说到，令他最快乐的事是幼儿园时得了"数学大王"的称号，全家都很高兴；烦恼是为什么他自己管不住自己，同学也不喜欢和他玩。他还说知道这都是他纪律差的后果，他也想好好努力，可是自己就是做不到。听了他的发言，我的心中又燃起了希望之火，一个调皮的男生其实心思也是很细腻的，他很想变好，可是力不从心，自控能力差。于是我对他说："老师也知道你是一个有上进心的男孩，从现在开始，你要约束自己，比如：认真听讲没有小动作，下课不惹事生非。如果遇到困难可以请老师帮忙。"还发给他一张笑脸。看到他乐滋滋地回到座位上那满足的笑容，我又借机在全班表扬他是个聪明、爱动脑筋的孩子。

以后我就更加注意、观察他，一段时间后，我觉得他责任心还是挺强的，于是我请他当了小小管理员，管理教室里的电器。他乐意地接受了这个任务，每天放学后、上操时都按时关灯，我也在学生和家长面前夸他责任心强，小干部当得很好；每周二英语晨读时间由他带领大家读书；做本组的纪律监督员；看到他不时的像个小老师似的说这说那，管这管那，我乐在心里。现在的小阳虽然不是班里表现最好的，但是和他自己比已经进步多了。

为了鼓励他小小的进步，我送了他一本《培养良好习惯故事书》，帮助他好好学习。那天晚上，他妈妈打电话来说，孩子收到我送的书后激动极了，每天睡前都要看一个故事，而且还要像故事中的小主人公一样做个守纪律的好孩子。我听了以后，竟然忘记了他曾经是个"问题学生"。

现代教育理念认为：每一个成功的教育者必须深入细致地了解并尊重学生的天然禀赋及个性特点。更要尊重学生的成长规律，善于用教育机制和教育技巧教育学生。改变以往的批评方式，更要针对不同层次的、不同类型的学生合理引导，区别对待。泰戈尔说过："不是槌的打击，乃是水的载舞，使鹅卵石臻于完美。"如果说犯错误的学生是"石"，那么教师就是要做让

"石"臻于完美的"水",因为只有那样,粗糙的石头才会被打磨成美丽的"鹅卵石"。是的,有时宽容引起的道德震动比惩罚更强烈。教育者只有以海纳百川的胸怀去感化学生、暗示学生、诱导学生、影响学生,给学生自我反思的机会、自我选择的空间、自我修正的时间、自我进步的主动性,才能唤醒良知。就像对于小阳这块"石",我做了"水",一次次地去打磨他,最终使这块"顽石"变成了"鹅卵石"。

故事2："失踪"的奖票盒

文 / 陈霜霞（北京市海淀区五一小学）

当轻柔的午间休息结束铃声响起的时候，我不禁长长地舒了口气，顺便站起身甩了甩刚才因为判作业而有些累的胳膊，"总算赶在下午上课前判完啦！"我自言自语，边说边抱着这摞听写本，向教室走去。

按照惯例，我正准备奖励给听写优秀的同学奖票时，却奇怪地发现：奖票盒不见了！啊？上完第四节课，我明明就放在讲桌上啦，怎么会"失踪"呢？

一连几天，我找遍了所有能找到的地方，孩子们也帮我一起找，但仍不见奖票盒的影子。我开始查看换奖票记录，渐渐地，我把目光集中在学生小雨身上，他换取的奖票数与我发给他的数量明显不符。但当我侧面地了解此事时，他却总是避开。怎么办？我在思索着解决的办法。

这天，我对同学们说："孩子们，老师制作了一种新的奖票，好看吗？从今天起，咱们启用新的奖票啦！如果你手里还有旧奖票，一定交给老师统计啊！否则就作废啦！"孩子们纷纷拿出了手里持有的旧奖票，置换了新奖票。正如我所料，小雨拿出了一大堆。当我拿出奖票记录，晓之以理、动之以情地与他谈话后，终于，他承认了自己拿走奖票盒的事。

"失踪"的奖票盒回来了，但却带给我很多的思考：家长究竟怎样才算是爱孩子？老师该如何向家长传递这种教育信息呢？

我与家长进行了沟通，原来，他的父亲工作非常忙，常常在外应酬。母亲是全职妈妈，家里还请了个保姆，再加上姥姥，三个人整天围着他转，对他百般娇惯，溺爱，从不批评他，更不用说约束孩子的行为了。幼儿园时曾多次把别的小朋友的东西带回家（妈妈再去还），也曾把妈妈刚从银行取出的几万元现金装在书包里带到学前班，尽管妈妈急得差点报警但却舍不得批评他。家里刚刚装修好，他就用彩笔画的满墙都是笔道子。过年时全家人围坐在一起吃团圆饭，他却吵着出去玩。最近天凉了，他总是不愿起床。怪不得近一段时间总迟到呢！入学以来，这个孩子迟到的次数最多啦！

诸如此类的事情还有很多，随着我与他妈妈沟通的不断深入，我的心越来越沉重了，我发现：这个孩子太缺乏规则意识了！孩子的成长离不开家庭，而规则意识的建立萌发于家庭，毛病在孩子身上，问题却源于家长。

于是，我郑重其事地约请了孩子的爸爸妈妈，进行了一次长时间的交流。交流中，我直言不讳地告诉他们孩子问题的严重性，给他的父母讲明了利害关系，并着重强调如果不及时教育可能带来的后果，并建议他的爸爸尽可能地抽出时间参与教育，因为，在孩子的成长中，规则意识的形成更多的是由爸爸帮助完成的。同时，我还把找来的相关书籍推荐给他们看。后来，孩子的父母与我达成了共识，并表示一定配合老师对孩子进行教育，补上学前本该上的那一课，那就是规则意识。我建议他们就从眼下存在的没有时间观念问题抓起吧！

结合品德与生活课上学的"按时作息"一课，我建议家长和孩子一起制定一张"作息时间表"，把孩子一日生活的时间合理地进行安排，按时睡觉，准时起床，在规定时间内做好刷牙、洗脸、吃早餐等事情。家长要督促、帮助孩子严格执行。为了让孩子能够准时上学，我还设计了一个评价表，分别由家长、学生、老师对孩子的表现进行评价。这期间孩子有过两次反复，因为看一个精彩的动画片而久久不愿上床睡觉，第二天又想赖在床上不起，妈妈也因看着睡得香甜的孩子不忍心叫醒。我与家长及时地进行了沟通，在父母"温柔而坚持"的态度下，在我充满期待的鼓励中，孩子逐渐形成了初步的时间观念，养成了良好的习惯。近一个多月来，小雨还从未迟到过！

孩子如同一张白纸，缺少生活经验与社会经历。在他们心目中，这个世界既新奇又随意，可以想干什么就干什么。其实现代社会充满规则，如交通规则、竞争规则、游戏规则、家庭规则等。没有规则意识的孩子，将来无法在社会中立足，更谈不上成才了。所以，从小培养孩子的规则意识非常重要。实践证明，家校联手，能够达到事半功倍的教育效果。

故事3：三十二双眼　三十二双手

文/陈艳（北京市海淀区五一小学）

又是一个周末小结的日子，我收到了少先队值周岗的好几张温馨提醒小条："周一升国旗时灯没有关，希望下次随手关灯，做到人走灯灭。""周三卫生检查桌椅不整齐，黑板擦得不干净。""周五有两人没有佩戴红领巾。"

面对这些"温馨提示"，我陷入沉思，过去班中的许多事我都亲力亲为，但是有时候工作一忙我难免顾得了东顾不了西，经常会出现一些不尽如人意的地方。我自言自语地说："我就一双手，一双眼，总有看不到，顾不上的事，何不把一双手一双眼变成三十二双手三十二双眼，这岂不是就'手眼通天'了吗？"于是，经过了周密的安排与设计，我上了一节班会课，利用班会的时间，把手中收到的若干温馨提醒小条一一在班中读了。读完后我说出了自己的困难，"我只有一双眼睛和一双手，你们谁愿意帮助我，来做我的手和眼，把我们的班级体建设得像家一样的温馨和谐"。孩子们个个高举小手争先恐后地说："我愿意做您的眼睛，我愿意做您的手"。我继续说："要做老师的眼睛可不容易，那要看谁能发现班级中存在的问题，只有找到问题了，我们才能用我们勤劳的双手去改变，你们行吗？"同学们斩钉截铁地说："行！"接下来时间，我细心地观察，默默地等待。

"陈老师，今天上课间操时，我发现我们班的灯没有关，我随手给关上了。我让教室做到了人走灯灭。"

"陈老师，同学们一写作业就爱调整桌椅。桌椅歪歪扭扭的，教室里很乱。我想桌椅整齐了教室就整洁了。"

"陈老师，我看到我班的图书角的书东一本西一本堆在那里，非常乱。"

"陈老师，我看到同学们扫完地就把劳动工具随手放在了门后，很不整齐。"

……

这一切让我很感动，没想到孩子们竟然能够如此细致入微地观察，发现问题的能力是我始料未及的。

又到了班会课的时间。我率先发话了："你们在这一周中个个都是孙悟空，个个都是火眼金睛，你们找到了班中存在的问题，你们打算怎样解决呢？"

班里最爱发言的小话筒第一个站起来说："我想好了，我每天早晨给小水盆换上干净的水，这一天中如果我发现水盆的水脏了我就再换成干净的，放学之前把水倒掉。擦黑板的同学就能用上洁净的水。"

小烨不甘示弱地说："我要在午休时把前后门擦得干干净净。门上再也看不到同学们的脏手印了，花猫脸的门就会不见了。"

"我要把教室内的讲台桌打扫得一尘不染。物品摆放得整整齐齐。让每一位到我们班来上课的老师都会想起我"大家听了小轩的话都哈哈地笑了起来。

就在大家你一嘴我一嘴地议论时，我发现了班中最腼腆的小钰同学。她的眼睛一直望着我，仿佛有话要说，又不太好意思。小手又想举又犹豫地收了回去。矛盾的心情写满了她红红的面颊。这时，我组织大家安静了，说道："小钰，你有什么想说的，你发现了什么？""我看到每天早晨到校后您都会把窗子打开，放学后您又会把窗子关上，我想做小小通风员，让大家每天都能呼吸到新鲜的空气，身体健康。"大家听后都为她鼓起掌来，纷纷说她观察得好，想法更好。就这样你一言我一语，不一会的工夫，每个人都做到了人人有事做，人人尽责任。我继续说："说干就干，让我们的三十二双手快快行动起来吧！把你们的想法、你们的爱心岗位落实在行动中，让我们在行动中一见高下，一比高低吧！"

伟大源于细节的积累，这要求我们每一个人都要从小事着眼，从小处入手，从一言一行抓起，从一点一滴做起。

故事4：神奇的咒语

文 / 林妍（北京市海淀区五一小学）

下午的数学课气氛总是比较压抑，因为正值午睡时间，上下眼皮直打架，哪儿还有兴趣思考数学问题呢？于是，我经常利用这个时间带领孩子们做做"头脑体操"。

那天，我们就遇到了这样一道题：被减数、减数、差的和除以被减数，商是多少？

根据以往经验，越是简单的题目，越有意思。于是，每个人都瞪着大眼睛试图从题目中获取点儿什么重要线索。有个别的孩子开始拿起笔在写写画画了。

这时，有个同学着急地喊出来了："老师，等于2！"

"是这样吗？请你来说一说你的想法。"

于是，这位同学举了个简单的例子。"比如说4-2=2这个减法算式吧！被减数、减数、差都加在一起：4+2+2=8，然后再除以被减数4，8÷4=2，所以最后答案就是2。

那是所有的减法算式通过这样的计算，都等于2吗？谁想来试试？

20-15=5

100-45=55

250-198=52

……

很多同学高举着右手，喊出了一个又一个算式，但不管这个算式如何"稀奇古怪"，经过计算，答案都是2。

"这真是一句神奇的咒语啊！"此言一出，同学们纷纷笑了。

那到底是为什么呢？难道算式会变魔术吗？几个人一组，我们一起来研究一下这神奇的"咒语"吧！

于是，原本"困意"盎然的下午瞬间沸腾了。孩子们或紧锁眉头，或咬紧嘴唇。都在积极地思考，试图破解它。

终于，我们班的小机灵鬼站起来大吼："老师，我知道是为什么了！因为被减数=减数+差，所以如果他们三个都加起来，和就是两个被减数，所以就是被减数的两倍，所以商肯定是2。

雷鸣般的掌声不约而同地响起，原来这"咒语"并不神奇，只是运用了一点点数学知识。同学们都笑逐颜开，纷纷赞叹数学的奇妙。只有一位同学还拿着笔在纸上不停地写着算着，就连我悄悄地走到他身边，他都没有察觉。

"咦？明明，你在想什么呢？"

"老师，我觉得不仅在减法算式里存在这样神奇的咒语，也许在除法算式里面也有，让我再想想。"

此言一出，激起了同学们更大的好奇心，同时也震惊了我！是啊，除法可以看做是连续减去相同数的减法。被除数相当于被减数，除数可以看做是相同的减数，连续减的最多的次数就是商，最后的差就是余数（可能是零）。那么除法中或许也存在着这样神奇的咒语吗？

同学们也被明明的这个思考吸引了，纷纷讨论起来，我也不由得被他们吸引了过去。经过反复地尝试、试验、推敲，同学们终于发明了自己的咒语：在除法算式中，被除数、除数、商的积除以被除数，商还是被除数。其原理参照减法算式。

在这节有意思的数学课中，没想到只是想让他们活动活动脑筋的一道小题，却引发出了这么多思考，就连我也没有想到大家的思考能够这么透彻，这么举一反三，同学们也为明明的想法感到骄傲！

其实有的时候只是多思考一点点，那么就会引发一系列的思考。让思考成为一种习惯，使孩子们感受到思维的魅力，碰撞出智慧的火花，在和谐融洽的环境中体会到学习原来是如此开心的事！

故事5：可怜的三角形

文 / 刘淑英（北京市海淀区五一小学）

数学课上，经过反复地推敲与琢磨，我把黄色的等腰三角形，蓝色的等边三角形，请到了11班的黑板上。"那等腰三角形的两个底角，等边三角形三个内角有什么特点？"我在处理这一环节时，为既省时又直观，就随手把等腰三角形的两个底角撕下来重叠在一起，随着孩子们的一声"哇"，他们一下子就看出等腰三角形的两个底角相等。当我得意洋洋地再把等边三角形的三个内角撕下来重叠在一起的时候，孩子们同样很快得出了结论：等边三角形的三个内角也都是相等的。然而，我却没有听到"哇"惊奇的声音，相反，有的孩子皱起了眉头，有的孩子摇着头，有的孩子脱口而出："好可怜的三角形啊！"

我的心里不禁一颤：孩子们很喜欢这些漂亮的彩色三角形，撕坏了，他们心疼啊！望着孩子们那一张张充满稚气的脸，在我的脑海里闪现出这样的画面：伟大的建筑学家梁思成，曾有一个这样的构想，那就是建设新北京的同时，要保护好古城，那样环北京的古城墙将成为世界上绝无仅有的一座空中公园，既可供人们休闲纳凉，又可供世人旅游观光。今天我们已经失去了一道亮丽的风景。但我隐隐约约地感到，孩子们这一颗颗善良晶莹，富有爱意的童心，已经有了审美的情趣，拥有了保护的意识，这是多么难能可贵啊！想到这里，我不禁庆幸自己及时关注到了孩子们不愿撕掉三角的心理，发现了他们自身拥有的爱心与保护意识！儿童的心理就是这样简单，他喜欢他就爱护它，保护它，这正是教育者抛弃一切也要呵护好的品德教育的起点！回头再看看我绞尽脑汁想出来的撕掉三角重叠的方法，显得那样苍白无力。我要为孩子去寻找、去搭设一个阳光平台，在数学课堂上让孩子的爱心与保护意识闪亮起来！

夜深人静，我翻阅孩子们已经学过的三年级的数学课本，才发现原来孩子们已经认识了轴对称图形，等腰三角形和等边三角形都是轴对称图形，等腰三角形有一条对称轴，等边三角形有三条对称轴，我豁然开朗，心里有底了——孩子们应该有他们自己的办法，我必须"还权让位"。在12班的数学课上，我索性把这个问题抛给了学生，让他们以小组合作的方式去研究发现，"到底等腰三角形两个底角，等边三角形三个内角有什么特点？"我亲历了孩子们的研究过程，结果发现：孩子们没有一个人愿意去撕坏这两个三角形，他们有的用量角器量的方法，有的用沿对称轴对折的方法，同样都发现了等腰三角形的两个底角相等，等边三角形三个内角都相等。再看看孩子们那一张张阳光灿烂的笑脸，我感到了从未有过的幸福。我饱含深情地对孩子们说："你们不仅获取了知识，同时也保护了三角形的完整性，孩子们，你们真了不起！老师因为有了你们而幸福和骄傲！祖国妈妈也因为有了你们而幸福和自豪！"

这件事对我的触动很大，今天孩子们在获取知识的同时，保护了三角形的完整性，那明天孩子们也许就将保护好一个古建筑，保护好我们的民族文化，保护好大自然，建设好我们的国家。老师的责任远不止让孩子获取知识，更应该托起孩子们的爱心，培养他们善意通达的胸怀！

故事6：小铅笔头

文／王云飞（北京市海淀区五一小学）

　　作为一名教育工作者，不光要教给学生知识，还要培养学生的好习惯。好习惯有很多种，一种好习惯的培养是要花费很长的时间和精力的。

　　现在孩子们的生活条件都很优越，衣食住行用家长们都给准备好了，从不用孩子们操心，很多孩子养成了浪费的习惯。一年级的孩子年龄小，更是丢东西丢得严重，东西丢了就丢了，从来不找。开学第一天，彤彤捡到一支铅笔交给我说："老师这支铅笔不知道是谁丢的，问了周围的同学没有人认领。"上课了，我问："这支铅笔是谁的？快来认领。"可是问了半天都没有人认领，我就把它放到了一个笔筒里，一天下来笔筒里就有5、6支铅笔没有人认领。看到这种情况，我就要求孩子们回家在铅笔上都贴上名字，以免丢失了都不认识自己的东西。第二天我检查贴名字的情况，大多数孩子都贴上了名字，还有一部分孩子没有贴名字。我就问："你们为什么不贴名字？"有的孩子说："妈妈说贴名字太麻烦了，丢就丢了，没关系，给我买了100根呢，够我用的了。"有的说："爸爸说掉地上马上捡起来就行了，用不着贴。"看来大多数的家长都没有重视这个小事情，只能自己加强教育了。刚贴了名字后，丢铅笔的现象减少了一点。可是没过多久，连贴名字的铅笔丢了都没有人要，短短一个月就捡了一大盒子铅笔，足足有五六十支。看着这么多的好铅笔没有人要，我叹息的和老师们说："真是浪费啊！"老师们也都有同样的感受。怎么办呢？我暗下决心：一定要找到办法，让孩子珍惜自己的学习用品，养成节约的好习惯。

　　品德课有一节是爱惜学习用品。学生说了很多爱惜学习用品的方法，我也给孩子们讲了我们小时候上学时是怎样使用铅笔的。那时有的同学家里穷，一支铅笔使到了一厘米长手拿不了了，就在上面绑一根小棍，接着使，一直使到铅芯用没了为止。孩子们听了都大为惊叹"这可怎么用啊！"我灵机一动，说："不信咱们也试试，看看谁能从今天开始，一支铅笔也不丢，把你的铅笔使到比你的小拇指还要短，谁的铅笔用成这样了，你就不用买新铅笔了，用你的小铅笔头到我这里换新铅笔。""您说的是真的？""当然是真的！"一个女孩子说"老师，您看我有一支铅笔这么短了，能换新铅笔吗？"我一下子找到了节约小标兵，大力表扬她，并且马上兑现！她兴奋地说："好漂亮的铅笔啊！"同学们一看马上都信誓旦旦地说："老师，我也能使成那样，我也要换漂亮的铅笔。"

　　渐渐的同学们找我换铅笔的越来越多了，地上的铅笔越来越少了。一个学期快要结束了，新准备用来装捡来铅笔的盒子里面没有几支铅笔，却有很多的铅笔头。一个小铅笔头换一支铅笔，看似没有什么，却让我的孩子们养成了爱惜学习用品，不浪费的好习惯。现在我们班的孩子们不光不丢铅笔了，也知道爱惜其他学习用品、生活用品等等。

　　小小铅笔头成就了孩子们爱惜学习用品，节约的好习惯。培养孩子的好习惯要从生活中的点滴小事做起。

故事7：让感谢成为习惯

文／肖书霞（北京市海淀区五一小学）

　　上午四节课过后，孩子们早就饥肠辘辘了。第一次在学校吃午饭，孩子们兴奋不已。我早早地穿好白大褂，戴好帽子、口罩，一切准备就绪就要给学生分午餐了。

　　我亲自带领同学们把手洗干净，铺好餐垫，准备好汤碗。孩子们安静坐好，一切就绪，然后分餐开始。我有个习惯，就是要等孩子说"谢谢老师"后，我才把分好的餐递给他。这倒不是我想满足被孩子尊重的虚荣心，而是想让孩子学会感恩。

　　刚开始我给他们分餐时，孩子们总是什么也不说，只是用力拉我手中的餐盒，表情疑惑，似乎对我的举动很是不解。我也没说什么，只是对着他笑，餐盒在空中僵持了一阵，我小心地松开手，叮嘱他回座位的时候要小心。接着第二个小朋友将餐盒递过来，第三个、第四个……直到最后，也没有学生说"谢谢"，我的心中不免有些失落。

　　看着同学们津津有味地吃着香喷喷的炸鸡腿、肉丸子……我不禁陷入了沉思，孩子们的肚子已经"咕咕"叫了，面对美味佳肴的时候，哪里还顾得上为他们分餐的我呢？

　　吃过午餐，我忍不住举起紧握在手中的空餐盒，对同学们说："刚才，老师在给你们分餐的时候，没有把午餐马上递给你们，是吗？"吃饱了，喝足了，同学们笑眯眯地看着我，轻轻地说："是的"。

　　我用平静的目光从他们天真无邪的脸上一一滑过，说道："你们知道为什么吗？"

"因为我们不乖。"一个银铃般的声音传来。

"因为老师生气了。"一个憨憨的声音传来。

"你们说说看老师为什么要生气啊？"孩子们你看看我，我看看你，一脸的茫然。

我温和地提示孩子们，"你们刚才有没有觉得少说了一句话啊？"

"谢谢老师"孩子们积极地回答，在我耳中这就是天籁之音。

我笑着说道："是的，老师给你们分餐或者分其他东西的时候，当你们有困难得到别人帮助的时候，千万别忘记说声'谢谢'。"

"哦，老师我知道了，您帮我系鞋带的时候，我应该说声'谢谢'。"淘气的小胖说。

"我也知道了，同学帮我整理书包的时候，我要说声'谢谢'。"文静的果果说。

······

从孩子们踊跃的发言中，我愈发觉得孩子们的可爱，但孩子们在接过餐盒时，那理所当然的眼神时常在我脑中闪现，他们对这一切似乎已经习惯了。现在的家庭中大多只有一个孩子，孩子是家里的"小皇帝"，在家中爷爷、奶奶、爸爸、妈妈、姥姥、姥爷对孩子总是无私的付出，而从未想过在孩子身上得到什么，以至于他们不懂得什么是"感恩"。

这种"习以为常"常常会被我们忽略，忙碌的工作中会被忽略不计，作为教育工作者不去教孩子这些为人处世的道理，则是失职。如果在一个集体教学活动结束后，教师因为口渴，叫一个孩子帮忙把桌子上的茶杯拿过来，喝完后又叫他放回去，认为这是天经地义的，没必要向孩子说声"谢谢"；如果在快乐午间的活动时，老师因为不小心碰掉了桌子上的一盒跳棋，玻璃弹珠蹦了一地，孩子自发地停下手中的"工作"，争先恐后地去捡拾弹珠，而教师却木然地站在一边或忙着张罗其他的事情，那么，我们的教育无疑是失败的。所谓"言传身教"，既然要求孩子的付出，自然成人也应该有同等的付出。

有一句话是这样说的："播种思想，收获行动；播种行动，收获习惯；

播种习惯，收获性格；播种性格，收获命运。"这不正指向教师肩负的责任吗？感恩之心是沉睡在孩子心灵深处最美的天使，愿天下所有教师能用一颗感恩的心去叩开孩子的心扉，去唤醒这个"天使"，让感谢成为习惯。到那时，我们的世界就会弥漫着爱的芳香。

故事8：此时无声胜有声

文 / 杨惠杰（北京市海淀区五一小学）

教育实在是一个多姿多彩的体系，因为它所呈现出来的形式是各种各样的，佛家所谓"万象"。所以，历来的教育家都善于利用各种生活学习上的小事例来对学生进行思想行为的教育。我在做班主任的过程中，有时候一件小事发生时，我并没有意识到里面的教育可能，但有时，灵光一闪，如果能及时够抓住的话，竟然发现可以成为一个很好的教育契机。

一次，班上前门的锁坏了好几天，一直关不上。前几天，天还比较热，门一直开着，所以也没发现什么问题。这天，风比较大，总是把没锁的门吹开，前排的同学就让门虚掩着，再用一张凳子抵住门。下午上课前，大部分同学都坐在了教室里，我也到了教室陪着他们，整个教室安安静静的。"报告！"有同学在门外要进来。"请进。"我随口答道。

一个男生轻轻推开门，走了进来，我随意地看着他，他轻轻地掩上门，再轻轻地把凳子抵住门，我的眼光随着他走向座位，当时完全是下意识，我鼓起了掌。正埋头干自己事的同学抬起头，先是不解的看看我，然后恍然大悟，和我一起为这位同学的行为鼓起掌来。那位男生也是一脸惊愕，当他意识到全班是在为他而鼓掌时，他不好意思地笑了。

教室里又恢复了安静，直到另一个同学报告声在门外响起。这时，我发现全班同学的视线都集中在进来的同学身上。进来的是位平时大大咧咧的同学，我心想，这该是个反面教材了。不料，这位男生竟然和前面那个同学一样，也把凳子放回了原位。全班的同学不约而同地又鼓起了掌。

　　第三个同学进来了，想不到他竟然成了那个反面教材。他大大咧咧地径直走了进来，全然没顾及到那正被风吹开的大门。同学们的眼睛都静静地看着我，我却依然不发一言，静观事态发展。只见，靠门边的一位同学默默地走过去，把门重新关上了，这时，全班再次响起了热烈的掌声。我注意到那刚进来的同学脸上浮起若有所思的表情。

　　三次掌声，一次比一次热烈，一次比一次整齐。此时，我对"教育是一门艺术"这一说法又有了更深刻的体验，刚才我导演了一场"无声的电影"，而我的学生们全都是悟性极高的明星，他们全都懂得了我没有说出来的意思。对于刚才的一切，我简直要满意地高呼了。

　　下课了，我走出教室，碰到隔壁班的老师，她问我刚才班里发生什么事，我对她笑笑："没事，刚才我没事偷着乐。"

【专家点评】

养成良好习惯，铸就绚丽人生

首都师范大学初等教育学院　张志坤（博士）

　　良好的习惯可以为一个人的顺利发展创造巨大的正向支撑，小学阶段是儿童习惯养成的重要阶段。不仅仅是学校层面的教育实践越来越重视学生的习惯养成教育，国家层面也将学生良好习惯的养成提到高位，2010年颁布实施的《国家中长期教育改革和发展规划纲要（2010－2020年）》提到义务教育阶段的目标"注重品行培养，激发学习兴趣，培育健康体魄，养成良好习惯"。在这里，以国家发展规划纲要的形式将良好习惯的养成提高到了与品行培养、兴趣激发、身体强健同等的地位，体现了在当前教育改革的背景下，对习惯养成在义务教育阶段基础性、根本性地位的科学认知。儿童的习惯养成包含很多的方面，比如生活习惯、学习习惯、文明礼貌习惯、行为习惯、交往习惯等等，每一方面又包含众多细小的习惯素养。老师们凭借着自己对学生健康发展的执著的教育热情，发挥了极大的教育智慧，在日常生活中思考并践行着方方面面的习惯养成教育工作。

　　勤俭节约，似乎随着国家经济发展，人民生活改善而变得越发不被大家重视了，这种生活态度的改变，从家庭慢慢影响到孩子。"丢掉的铅笔"引发了王云飞老师极大的关注，凭着浓烈的教育责任，王老师决心一定要以此为抓手，进行勤俭节约的习惯养成教育，并采取了"自己儿时学习生活"叙事、小笔变大笔的铅笔置换等活动，有效地改变了同学们丢弃铅笔的不良习惯，从点滴节约做起，从小培养孩子们的节约习惯。其实，节约这种习惯，背后更多地蕴含着珍惜的品质，珍惜自己的物品，珍惜身边的人，珍惜自己拥有的一切。

一句简单的"谢谢"，让老师期待了许久，一句简单的"谢谢"，让老师沉思了许久。这是一种教育的期待和一种教育的执著。肖淑霞老师如此看重学生的"感恩"教育，不是简单地为了维护师道的尊严，而是要培育孩子们一颗敏感而动情的心，这个懂得感恩的心，会带给孩子们发现自己对他人、对社会、对世界，以及对自己最朴素的爱，有了这份感恩之情，孩子们看世界会更加的美丽。利用分餐这个机会，培养学生感谢之情，合理而自然，若日日坚持，定将使得每个孩子内心的感恩"天使"时常伴其左右。

爱心的培养从点滴做起，她就像一汪涟漪会慢慢扩展开来，刘淑英老师在"可怜的三角形"一文中，通过自己对于教学的反思，在一节数学课中成功地融入了"爱心"的话题，借助梁思成先生对于北京传统建筑进行保护的呼吁，联想到有识之士对于我国传统文化的保护，从而为孩子们能够对一个没有"生命"的三角形的关爱，此种朴素的爱心，实在令人感动与欣慰。通过学科进行"关爱"主题的介入，生动感人而又意义深远。

"让思考成为一种习惯"，林妍老师的话语透露了一名数学老师自己的教育哲学。人类之所以进步，就在于不断地思考，而思考是需要锻炼与强化的，孩童时期，是思考最活跃的阶段，作为一名小学老师能够有意识地培养学生的思考，并不断激励他们，让孩子们体会到思考的乐趣，使他们即便在课堂之外都善于观察，勤于思考，乐于行动。思考的习惯，会丰富一个人的人生理解和体验，使他变得敏感，变得深刻。

把班级当成自己的家一样来呵护，让每个同学都成为这个大家庭的一员，充分培养了学生们的主人翁意识。值得称赞的是，陈艳老师不单单是调动了同学们细心观察班级方方面面的问题，而是让同学们发现问题就及时解决问题，而不是让同学们都成为"小小警察"，这种教育的行动力是非常重要的，是全体同学参与班级治理的很好体现。集体意识的养成，需要老师的引导，需要设计每位同学都能参与的机会，大家"眼手并用"，"心动加上行动"，每一个同学都会从班级这个"大家庭"，走入社会的"大大家庭"，关心她，呵护她。

"此时无声胜有声"，杨慧杰老师并没有在教育活动中说一句话，而是用自己的掌声实现了教育的力量。教师是学生成长的见证者，也是学生行为习惯养成的促进者。教师的掌声，得到了同学们的响应，大家为那默默的举动，送上响亮的回馈。这种肯定与赞许，不单单是观众发出的声音，更是对每一个同学内心自我的引领与呼唤。一个关门的举动，可能是偶然的，但是及时而积极的肯定却会起到"放大镜"的效果，举一反三，树立榜样。古语道"一屋不扫，何以扫天下"，同学的小举动，正是未来成大事业的基础与萌芽，需要关注，需要掌声。

学校被认为是学生社会化过程的一个重要场域，各种规则的认识、体验与习得，是完成社会化的重要途径。老师及实地发现了学生存在的问题，并采用一种合理的教育方式，充分体现了陈霜霞老师的教育智慧与教育能力。从"拿"老师彩票这个事件，到学生对时间观念的淡薄，再到学生家长教育方式的"异位"，陈老师不断发现孩子成长的一个又一个规则教育的欠缺，进而晓之以情、动之以理地和家长沟通，家校共同为成长的孩子构建一个有秩序的教育成长环境，进行无缝隙地教育渗透。为孩子的社会化进程做出了有益的教育干预，孩子将手中的过期奖票交回，换回的将是他人生顺利成长的一份宝贵的"大礼"。

做一名化石为玉的"水"老师，这是细心的常颖老师发出的教育宣言。常老师在工作中认真对待班上的每一位同学，发现了一颗"顽石"，细心地观察，认真地调查，从孩子的生活史了解了他不受学校规则约束的背后原因，与家长一起探寻孩子良好习惯培养的良方，并通过班会的形式，对该同学进行有效地启发与引导，更值得一提的是，常老师还将习惯养成的书籍赠与这位学生，为孩子介绍了又一个"老师"陪伴他左右，这种教育变得更加丰富，更加深入孩子的内心，逐步实现从他教到自修的进步与升华。

著名教育家叶圣陶指出："教育就是要培养良好的习惯。"亚里士多德也认为："习惯是人的第二天性。"如何培养小学生良好的习惯，需要家庭、学校、社会多方面的共同努力，这些外部条件的合力在学生自身主动发现、迎合与坚持的主观努力下，才可以实现。同时，教师的养成教育需要科学的理论依托，无论是行为主义心理学提出的"刺激—反应"理论，还是社会学倡导的"个人思想观念在特定的文化背景中形成",抑或人类学提出的"习惯是身体对外界的模仿性习得"等等,这些领域的研究成果都可以成为老师们进行习惯养成教育的思考点与行动点。另外,习惯养成教育可以运用"榜样法"、"训练法"、"环境熏陶法"、"家校合作法"等科学有效的教育方法进行,在我们梳理上面的教育案例的时候,值得欣慰的是,老师们已经有意无意地运用了以上的一些方法。希望,老师们在今后的实际工作中,进一步挖掘各个学科领域的理论知识,在实践中发挥想象力、创造力,采用更多有效科学的方法,培养学生多方面的良好习惯,为他们的绚丽人生打好坚实的基础。

第二章　幸福守望

——特殊儿童的故事

　　每一个孩子都是一支花朵，有些开放得早，有些开放得晚；有些鲜艳，有些素雅；有些名贵，有些平凡，甚至于有些天生就有缺陷。但好的园丁，不是铲除，而是修剪、改良。我们的花园中是一种什么景象，我想它必定取决我们对待这些花朵的态度吧。

故事 9：花开初夏　绽放芬芳

文 / 武日娜（北京市海淀区五一小学）

　　初夏的阳光洒满校园，也静静地照耀着手捧毕业证书的孩子们。刚刚参加完毕业典礼的小侯同学急匆匆地走到我的面前，伸开双臂与我拥抱。在那一瞬间，我知道，我与小侯的这份师生情如花一样在这初夏绽放。如今，花儿绽放，吐露芬芳，可曾经，这花儿经历了怎样的风霜雪雨呀？

　　"我去给别的班加油，才不给我们班加油呢！""你们这是跳的什么呀！"小侯怒气冲冲地一边叨唠着，一边在练跳长绳的同学周围转来转去，搞得同学们心烦意乱，纷纷叫到："小侯，你别在这捣乱了。""有这工夫自己练练去。""武老师，赶紧把他弄走吧"……我绷着脸，严厉地看着眼前这个让我欢喜让我忧的孩子。这个孩子呀，有才气，爱好广泛，文学、绘画、摄影等等，可就是以自我为中心，做事只以自己的兴趣和需要为出发点，不考虑他人，不考虑集体需求，对自己的错误言行不负责任。这不，又在耍性子了，缘于跳长绳比赛。按照学校要求，各班选出跳得好的十男十女。于是，班里分成两组，一组是会跳的同学抓紧练习，备战比赛；一组是不太会跳的同学抓紧学习，争取早日学会跳长绳。小侯的体育是短板，自然也不会跳长绳，被分到第二组，这下他可不干了，非要参加第一组，同学们好心让他试试，却发现小侯不是一时半会儿能学会的。可即便事实摆在面前，小侯仍不承认，于是把状告到我这，没想到我也支持同学们的意见，这下，他可恼了，一会儿跑到一组数落数落跳坏的同学，一会又跑到我这请战——说自己可以代替某某同学。类似这样的事情何其多呀！

明明不会打快板，非要在班会上表演快板，明明已经变声，非要给同学们领唱……这不是典型的自我认知发生问题了吗？

小侯的显性表现是过于以自我为中心，过于自恋和自信，而实际上内心极端脆弱，面对自己的不足或错误时，他的心理承受能力大大降低，心理上的脆弱让他无法接受自己有短板这一现实，于是他就会表现出类似上一幕的行为。常常是风雨刚过，又来霜雪，一波未平一波又起。

小侯，简直就是一个浑身长刺的仙人球。我这个园丁得想办法让这个小仙人球开出鲜艳的花朵，不能到处扎人了。

先亮出我的火眼金睛，小侯身上还有很多优势，善写善画，长于电脑。根据小侯的这些特长，我让他负责管理班中计算机和中队日志的美编工作。因为能发挥自己所长，自我价值得到体现，小侯很乐衷这些工作，很看重自己的工作，也认识到自己在集体中的重要性。有了这样的认识，他在集体活动中异常活跃，在学校义卖活动中，小侯为了写好班级的义卖宣传海报，甚至顾不上吃午饭。我想，这也符合韦尔奇原则——最合适人选，即是最佳人选。这个原则虽然普遍应用于企业管理，但对于教育小侯也是有效的。

尽管小侯有了很大变化，但依然是老问题常犯，这是因为缺少反思能力。一开始，我对小侯苦口婆心说教，开始还见效，但屡屡犯错，说教就显得苍白了。这就应了心理学中的超限效应——是指刺激过多、过强或作用时间过久，从而引起心理极不耐烦或逆反的心理现象。中国绘画中讲究"留白"，教育也要讲究"布白"。因此，我采用了笔墨交流的形式，通过文字，只叙述事件经过，一方面帮助小侯针对自己的问题反思自己的言行，感悟生活，一方面也及时和家长沟通，促进我和家长反思自己的教育方式是否恰当，给自己一个约束。这样做可以避免出现批评与被批评这种师生剑拔弩张的状态，使问题得不到解决，还导致学生逆反心理的增强。

另外还要巧用批评，智者在批评人的时候，经常把批评的内容夹在两个表扬之中，这就是先表扬，再批评，然后再表扬；受批评者也比较愿意接受表扬——批评——表扬的方式，这种现象就是三明治效应。回顾处理小侯的问题时，我常运用三明治效应解决，小侯的自我约束能力不断提高。因为对于小侯来说，这类的孩子个性强，好面子，运用三明治式的批评，一是让小侯消除防卫心理，使他乐于接近批评者。二是给小侯面子。批评不是目的，只是手段，批评在于改善行为。三明治式的批评，不伤人的感情、不损坏人的自尊心，能激发人向善的良心，使小侯的积极性始终维持在良好的行为上。三是去小侯的后顾之忧，我在批评小侯时，常常给予他鼓励、希望、信任、支持、帮助，使小侯振作精神，从而改正错误。

六月，初夏的季节，我和小侯一起走进了这个季节。小侯以自己的实力考入首师大附中，并当选了学生会主席。是花儿，就要绽放，一路走来，虽然经历风风雨雨，但终于让我享受到了花开今夏，绽放芬芳的美妙！

故事10：进步的支点

文／蔡冬梅（北京市海淀区五一小学）

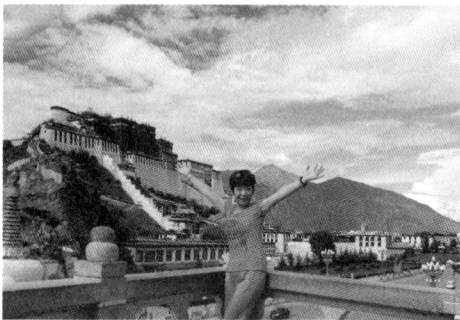

小杰是我班里一位不起眼的女生。人文文静静的，上课从不喧哗也从不回答问题；下课既不大吵大闹，也不会和同学们闹矛盾。成绩每门都很差，数学只能考十几分，语文也不及格，老师对她的成绩早已习惯，不再把希望寄托在她身上，如果谈起，也会淡淡地说，她怎么会这么笨的。所以，她在我们班里，就像教室里的桌椅一样，摆在那里，默默无闻，谁也不会突然想起，班里还有这么个人。

事情的转折起于一天午休，吃完饭后，我就让大家做自己喜欢做的事，随便看书、做作业、练字、画画，只要不随便讲话就可以了。

我在教室巡视时，无意走到她的桌边，发现她正在画画，在画一幅古装的美女。她画得很仔细，也很专注，线条虽显稚嫩，但形抓得很好，整幅画气韵生动。我不由得把她的画拿起细看，这时她才惊觉，看了是我，眼里露出了羞涩的笑，又低下了头。我又翻开她以前画的画，画面整洁，形象优美，有一种内在的气质在画面里流动。虽然懵懂未开，但只要勤加雕琢，会是一块美玉的。

苏霍姆林斯基说过："不了解孩子，不了解他们的思想、兴趣、爱好、才能、禀赋、倾向就谈不上教育。"每个孩子，都是一本值得好好研读的书。看待每一个学生，我们都应该怀着珍爱之心，小心谨慎地阅读，去发现他们身上的闪光点，然后，像培育一棵幼苗一样，小心地修剪，小心地呵护，直至让他能够独立面对风雨，最终长成参天大树。而在这过程当中，帮助学生找到自己，找到自信，体验成功的喜悦，那无疑是非常重要的。

之后，我主动找多位任课教师了解她的情况，他们的回答近乎一致，作业不怎么会做，上课也不怎么听，但就是喜欢画画，一天到晚的画。

小杰的形象逐渐在我的眼前清晰丰满起来，我发现，其实她并不是笨，只是她大脑思维在某些地方"短路"了，压抑了她在数学等方面的发展，但在美术上，却异乎寻常地发展起来，这是一个偏才！如果我们不是过于苛求的话，有一技之长，并将此专业不断发展下去，对人、对己不都是一条很好的出路吗？以后，我就常常关注她。为提高她的自信，让她多与同学接触，还将班级宣传的工作交给了她，尽量让她走出"自闭"的天地。因为她在墙报上画出的精美图画，也因为她的善良，同学们不再看不起她了，她的朋友也多起来了，笑声也多起来了。

以后的日子，我和其他老师惊喜地发现，她上课认真了，作业也努力完成了。虽然成绩还是很差，但进步是明显的。在随后参加的全校现场书画赛中，她还获得了优异成绩。她的作品作为优秀作品，被悬挂在教室的墙上，全班同学都赞叹不已。

看来成功的教育需要心灵与心灵的碰撞，感情与感情的共鸣。只要我们不断走近学生，了解学生，真正的关心学生，从其兴趣爱好中捕捉闪光点，不失时机加以鼓励，并给予机会充分发挥他们的潜在能力，就能够为他们找到不断进步的支点。

故事 11：美丽的小辫子

文/贾卫莲（北京市海淀区五一小学）

预备铃刚响，我拿着教案急匆匆地准备进教室上课，在楼道，我隐约听见从教室里传来喧哗声。来到门口一看，有几个学生正围着一个女生议论着，那个女生哭得正伤心。本来还在说笑的学生们一见到我，便赶忙回到自己的位置上。

我发现那个正哭的女生，她的衣服十分不整洁，小脏脸上挂满了泪水，头发也散乱着。她平时坐在比较靠后的座位上，我从没有这么仔细地打量过她。见老师一直看着她，她才强忍住泪水，低下头。原来下课时有些同学嘲笑她又脏又丑，是个"小聋子"，所以她才委屈得哭了。我帮她擦干眼泪，拉着她走到我的钢琴前，让她和我一起坐在琴凳上。我没有批评那些嘲笑她的同学，只是告诉他们："今天老师邀请她坐在我旁边上课，这样她就可以听清每一个音符，很快就会学会新歌的。今后每一节音乐课她都可以坐在我身边。"女孩儿用惊喜的目光望着我，而孩子们呢，则用羡慕的目光望着她。直到下课，她的脸上始终带着快乐的笑容。走出教室时，有几个女孩子走过她身边时，还眼馋地小声说"你多好呀，能坐在老师身边上课。"她也露出了甜甜的笑容。

课下我把她领到办公室，告诉她："老师做个魔法师，把你变漂亮了，行吗？"她先是一愣，马上又高兴地点点头。我先帮她洗了脸，又帮她整理好衣服，把给儿子准备的新红领巾端端正正地戴在她的胸前。然后找了两根橡皮筋，给她梳了两个小辫子。梳洗完毕，我拿出镜子，让她照："快看哪！你多漂亮，是个多么可爱的小姑娘！"她眼睛一亮，笑着转身跑开了。

后来，跟班主任老师聊起这事，才得知她是因生病造成双耳失聪，只有戴上助听器才能听见声音。她成绩不好，孤僻，很少与同学交往，没有朋友。"这样的孩子更需要关怀"，我想。

学校召开庆"六一"合唱比赛那天，我早早走进了二年级（7）班教室。只见她身体坐得笔直，头发依旧有些散乱。我走到她面前说："今天要比赛了，你也得漂漂亮亮地出场啊！来，贾老师帮你梳辫子。"我拿出特意准备的彩色皮筋，给她梳了一个很漂亮的羊角辫儿。她摸着自己的头，照着小镜子，我问她："漂亮吗？"她说："漂亮"，声音很小，但透亮的眼睛闪烁着快乐和感动。我心里也洋溢着喜悦。

令我感到奇怪的是，后来我几次遇见她，她的头发却依旧很乱，还经常跟在我身后，每次我都帮她把辫子梳好，耐心地教她怎样梳。有一次，我小心翼翼地问她："你还没学会梳辫子吗？"她拼命地摇头，说："不，不是……我会梳……但是我喜欢老师给我梳辫子……"我恍然大悟，她是多么渴望被爱，被关注呀！我拉着她说："老师喜欢你，也愿意给你梳辫子！"我一次一次地帮她梳辫子，边梳边聊。在我的影响下，同学们对她的态度渐渐变了，也愿意跟她交往了。

现在，这个漂亮的小女孩已经不再需要我为她梳起小辫子了，每次见到她，她总是仰起头，笑嘻嘻地问：老师，您看我梳得漂亮吗？"我会马上答道："嗯，当然了，比老师梳得都漂亮。"她自信地欢跳着跑开了，看着她高高翘起的小辫子，我瞬间体会到了身为教师的幸福。

故事 12: 让"淘气"的孩子走上讲台

文/宋雅敬(北京市海淀区五一小学)

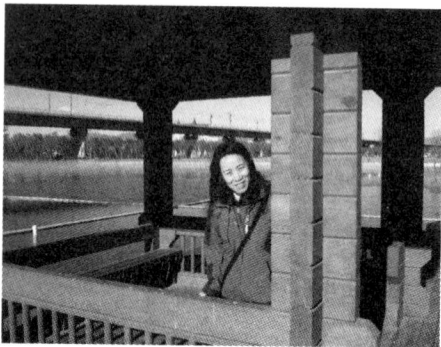

大千世界中, 每天都在上演着不同的故事, 我们每个人都在其中, 扮演着不同的角色。而这里演绎的故事表演者是我的学生和我, 主演是我的学生, 我是配角加半个导演。准备好了吗? 大幕已经拉起, 故事即将开始……

开场自序

又要新接班了, 这次新接手的是全校有名的班级, 因为班里有几个"小淘气"让班级名声大噪, 远近皆知。其中小甲最让人挠头, 很不讲理, 由着性子来, 还有小乙、小丙、小丁。听到了太多的负面消息, 我这个只教他们数学的老师是否能驾驭得了这个班的课堂, 顺利完成我的教学计划呢? 心似乎沉到了井底。

第一次亲密接触

开学第一天上课, 小甲根本不听讲, 似乎课上的活动跟他没有任何关系, 手里玩着东西, 嘴里还偷偷嚼着什么, 时不时地插句话, 搅得课堂倒像成了他的个人茶话会。上半节课他还没有太打扰其他学生学习, 我想他也在试探我吧, 先来摸摸我的脾气如何, 所以也就没跟他针锋相对地过招。下半节课, 他趁同学们做题时, 开始下座位随意溜达, 不是把这个同学的书放到那个同学的桌上, 就是抢过同学的铅笔, 等动遍了周边所有学生的学具后, 他才回到自己的座位旁。被拿了笔的学生纷纷找他去要, 有的学生开始跟着一起打闹, 课堂秩序一下混乱起来。在我及时制止后, 下课的铃声却响了起来。

想办法

我想，擒贼先擒王，如果不尽快调整，那么我的课将无法正常上下去了。我知道对待这样的孩子，不能太管他，跟他较劲，更不能无视他，任由发展。对于个别生可不能生搬硬套别人的方法，我发现问题的关键就在于作为老师的我们能不能找到一个最佳的平衡点来协调老师和学生的关系。所以和小甲的交锋，我是以每天为单位进行思考总结的，并且逐渐看到了一线希望。

我发现他在学习上很上心，成绩不如别人会着急，错了的题要弄个明白才行，同时在课外学了不少同学们没有接触到的知识，思维也比较灵活，语言表达清晰。那么，今后的几次交谈中我都是从他自以为豪的学习入手跟他私下交流，了解了他的基本情况，观察他的特点，逐渐摸清他的性格特点，他的恶作剧无非是想引起老师和同学们的关注，以此掩饰自己的真心。太好了，那就给你施展的舞台让你舞个够吧！

你当小老师

数学课上，我鼓励学生们多听多思考，大胆质疑，表达自己的见解。比如当学生自己发现问题或遇到疑惑不解的难点，向学生们提出来时，我不会急于下结论，根据问题诱导学生们通过认真思考来解决。学生们也喜欢这样的课堂，他们有更多互相学习和交流展示的机会，我想即使腼腆的学生也不愿意每天只听老师一个人絮叨吧。这样的课堂学习氛围，不听别人说，可是插不上半句话。一直自以为学习不错的小甲同学，由于课上纪律差，从不听讲，同学们讲得绘声绘色，听得入神时，他却没有了展示"威风"的机会，于是他开始听，几次想发言，都被我故意忽略掉了。记得一次练习课上，我安排了对学生的易错题进行讲解纠正。课下学生已提前总结了自己的典型错题，课上学生分组将错题板书在黑板上，在台前将错误原因分析给全班同学听，并给出正确答案。学生讲一道题时联系到了这样问题：等底等高的三角形面积相等，那面积相等的三角形，就等底等高吗？针对这个问题学生们进行了讨论，全班交流时我请小甲同学来说，他迫不及待地冲上讲台，边画图边说："我给大家举几个例子，一起来看。"只见他在黑板上认认真真画了三个不等底不等高的三角形，标好底和高的数据，依次请三名同学求出每个三角形的面积，指导同学们一起看三个三角形的面积相等，但却不是等底等高的，最后大声地总结到："这样的三角形面积相等，却不是等底等高的。"同学们听后，自发地给他鼓起掌来。我也不失时机地给予肯定："掌声代表了一切，我想同学们除了对你的精彩发言表示赞许，更说明他们喜欢现在的你！"他听了，脸上流露出那种不易被人察觉的微笑。之后，又有学生从三幅图中发现了规律：高越来越短，底却越来越长，面积没变。那么高随便减少，底任意增加吗？减少增加到多少，面积不变呢？一连串的问题思考，引发我们后续的学习探究。小甲同学兴趣十足地参与课堂活动，他清楚地知道：这一切源于他融入了课堂，走上了讲台。在今后的日子里，他越发的投入，他很聪明，总能有自己的见解，讲题时俨然是一个智慧的学者，同时，他还多了几个新朋友，我想：也许正是他身上这种正能量吸引了同学们吧。

后序

为了实现学生与学生交流，在课上我尽量做到少开口，把"舞台"送给学生，让学生走向讲台做数学学习中的"主角"，创造一切条件让学生去展示，给学生提供更多的合作与交流的机会，使每个学生都积极参与到学习中来，自由表达自己的观点、意见，在合作交流中找到自己的位置，体验自身的价值。学生在朝夕相处的共同学习与交往中，增进彼此的感情，培养了合作与协作精神。

我想说：永远不要无视学生们思考的权利，永远不要让他们放弃行动的机会！

故事 13：让每一朵花儿绽放

文 / 刘雅红（北京市海淀区五一小学）

教师，一直被赞誉为园丁。我很喜欢这种描述，因为教育确实如同培养植物，有过程、有耐心、有方法，也总会有羸弱的幼苗，需要我们格外地照料，才终能获得满园的芳菲。

初次看到小雨，是我在五年级刚接任她们班英语时。当时，只觉得她是个沉静的女孩子。浓眉大眼，一个很漂亮的姑娘，但身上的衣服却总是不太整洁，浓密的头发也胡乱地扎成个马尾，身上有些不洁净的味道。每次英语课，总是安静地坐在位子上，不参与发言，虽然忽闪着一双大眼睛，但很明显已经游离于课堂之外了。

以我多年的教学经验，我知道这个孩子的英语学习有着一定的困难，她需要我更多的关注和辅导。在接下来的几节课中，我刻意地加大对她的关注度，适当的提醒和适度的提问。我从她的回答中，能够感到她的接受能力并不差，如果能够认真听讲，回去认真复习，英语应该很容易赶上来。但是让我很惊讶的是，每当我提问她时，班上的很多孩子都会捂着鼻子，露出一种很奇怪的笑容。她那怯怯生生的回答，往往还会带来孩子们的哄笑。甚至有一次轮到她所在的组为同学发本子时，更有个别几个孩子直接喊道："不要她发，她臭！"听到这话，她刚要碰到本的手指，怵然收了回去，红着脸低着头，走回了座位。看着这一幕，我的心里很不是滋味。相比英语学习，也许班上同学对她的不友善所造成的伤害更大。我想：尽管我只是她的英语老师，但我确实应该和她的家长交流一下，不仅关于她的英语学习，也包括她的生活，毕竟我比他们班的男班主任更方便谈这件事。

　　"小雨，明天放学时能让妈妈找趟我吗？我想和你妈妈谈谈关于如何辅导你的英语学习的事。"课下我把她单独叫到办公室问道。"嗯……"听到这话，她抬头望望我，欲言又止。"妈妈不接你？"她摇摇头。"爸爸来接？"她又摇摇头。"那谁来接你？""没有。我自己回家。""哦？"我有点疑问似乎又明白了点什么。"那能让妈妈哪天方便时来趟学校吗？""妈妈有时一个月会回来一次，她要在自己家照顾小弟弟。""那你和谁一起住？""爸爸。有时奶奶会来看看我。"原来她来自于一个单亲家庭，一个单身父亲确实很难照顾好她。看着她平淡的表情，我突然觉得眼眶湿湿的，我甚至不能相信这是真实发生的事情。当别的孩子被父母呵护在羽翼下时，这个才十一岁的孩子，却已经失去了该有的关爱。这让我一下子明白了她在生活和学习都遇到困难的根源。她小小年纪自己在承担着这些，如此的孤立无助。在和班主任老师进一步核实和沟通后，我决定尽我自己的能力去帮助她，不仅仅是学习，也包括生活。

　　要改变班里学生对她的孤立态度，首先要帮助她改变个人的卫生状态。为了让孩子更容易打理自己的头发，和她商量后，我带她去剪短了头发，同时为她买了一些必要的个人洗浴用品，一份让她拿回家使用，一份留在学校，每周我在学校帮她洗一次头发。我还交给她必要的个人清洁方法，教她如何使用洗衣机洗衣服，并定时提醒她。同事们知道她的情况，还特意送来了自己孩子穿过的衣服。除此之外，我还特意在课上活动时让她和几个性情比较随和的孩子一组，让她开始和同学交流。

　　随着小雨的外表从邋遢到干净整洁的改变，随着我刻意安排她为大家服务次数的增多，我感到她逐渐开始被同学接受了。最初个别男孩子还会起哄，然而在我的引导下，应和的人越来越少，最终这几个孩子也觉得无趣，甚至开始主动和她交流了。

　　外表的改变，同学们对她的接受，使小雨逐渐有了自信心，性格开朗了很多。上课时，注意力明显集中了。但毕竟她在前面的学习中落下了不少知识，仅靠课堂上的关注已经不够了。因此我除了利用课下为她补习外，还在班里为她寻找了英语学习伙伴帮助她学习。她也像一只爬行着的蜗牛，努力扎实地向前进步着。五年级结束时，她的英语成绩达到了优秀的水平，更可喜的是她还被同组同学推举为了组长。

如今的小雨已经出落成为一个干净漂亮、落落大方的大姑娘了，每每看到她高高翘起的马尾辫，总有一种说不出的幸福荡漾在心头。小雨的进步，很大程度上是孩子自己努力的结果。作为教师，我只是在最初为她创设了一些条件。而可能这些条件的创设对我们而言，只是一份耐心就可以做到的，但对于孩子却是改变终身的契机。

每一个孩子都是一支花朵，有些开放得早，有些开放得晚；有些鲜艳，有些素雅；有些名贵，有些平凡，甚至于有些天生就有缺陷。但好的园丁，不是铲除，而是修剪、改良。我们的花园中是一种什么景样，我想它必定取决于我们对待这些花朵的态度吧。

故事 14：我会陪你一起走

文/徐莹（北京市海淀区五一小学）

小鹏是个特立独行的男孩，我行我素。遇到不顺心的事就大喊大叫，发脾气，最让人头疼的就是课上不好，每次和同学发生矛盾，由于他长得又高又胖，比同龄孩子高出半头多，大家不敢与他"抗衡"……这也造成个别家长、同学的不满。怎样才能让他融合到集体中，遇事冷静，学会合作呢？通过与他聊天，与家长交谈，我了解到：小鹏很希望和同学们成为朋友，但往往好不了几天就又发生矛盾，看来是交往方式出了问题。他学习还不错，兴趣广泛，书法、绘画、钢琴、英语都是他的业余爱好。我决定发挥他的长处，用正能量引导他，陪他一起成长。

"六一"前夕，学校要举行合唱比赛，各班在音乐老师的指导下，都在紧锣密鼓地练习。周五的音乐课，我突然被音乐老师派来的小干部请到了专业教室，刚一进门音乐老师便跟我说："由于他的个子大，排练的时候给他安排在最后一排，他不肯，非站在中间，无法排合唱队形。"音乐老师的话音刚落，他就抢着说："我在最后一排，看不见歌词，我在外边学英语都是前排最中间的座位。"我借机因势利导："合唱比赛一是要看大家唱得齐，唱得好，同时也要看一个班集体的整体风貌。"这时音乐老师补充道："考虑到你个子大，人长得又帅，在后排最中间，多压台呀！"他的脸红了，不吱声了……这时我又考虑到小鹏可能是因为眼睛近视，才非要坐在前排中间，以便看清歌词。我便顺势拿起一把凳子放在最前排对他说："学歌词时，坐在前面，等整体排练时，回到自己的位子。"他看看我和音乐老师，欣然接受了，一瞬间，我看到了他眼神中那一丝被理解后的感激。

回办公室的路上，我不断想：孩子的本性都是善良的，不能因为他们偶尔不当的举动，就贴上标签，而是要帮助他们解决问题，讲清道理，正确引导，树立自信。

第二天，我利用晨检时间对全班同学提出纪律、学习要求，并展开评比。希望通过健康舆论的氛围，使小鹏自觉调节和改变不良的行为。我看小鹏跃跃欲试，也想通过自己的努力争得"小红旗"，可没两天他就坚持不住了，眼看其他同学的小红旗越来越多，而小鹏的评比栏内的小红旗寥寥无几，怎么办？于是我找到小鹏与他交流，发现是他很想有所改观，但由于控制不住自己，经常冲动做事。于是，我提出一个特殊的比赛，"自己与自己比"，比赛的项目我俩共同商定，如：按时交作业，有事先找老师，不擅自冲动处理，保持座位整洁……谈话后，我又找来班级小干部，告诉他们多关心，多体谅小鹏。半个月过去了，我深深感到他的进步，我又找到他谈心，我拿出我们的约定比赛记录本，上面有些项目盖满红旗，有些项目零星稀少。这次谈心的目的就是让小鹏正确认识自己。既看到优点增强信心，又看到不足，改正缺点，再接再厉。

小鹏渐渐感到老师和同学们对他的关心，他也积极参与班级各项活动：他主动承担起班级擦黑板的任务，在广播操比赛、读书汇报、年级合唱比赛、书法、绘画等多项比赛活动中，努力展示自己的才能。

让我最难忘的就是去年12月的一天，天气特别冷，又赶上广播操比赛，小鹏太胖了，校服里面套不下毛衣，我便对他说："穿上外套吧。"他看看我，摇摇头说，"咱班服装不齐，该被扣分了"，他坚持做完操，才穿上外套……

一个学年下来，小鹏尽管还会犯这样那样的错误，但他在大型活动中，开始考虑集体的利益，愿意为班集体争光，积极参加海淀区举办的书法、绘画、英语等科目比赛，并获得佳绩。在和同学发生矛盾后，如果我没在现场，他会写个字条放在我的办公桌上，等我解决……

　　孩子的成长需要过程，尊重与顺应他们内心的想法，不是"放任"，而是因材施教，进行引导与鼓励，发展特长，健康成长。作为教师，只有在陪伴孩子一起长大的过程中，才能找到开启他心灵的金钥匙。

故事 15：我与 Peter 的故事

文 / 李粉霞（北京市海淀区五一小学）

那是一个周五的早晨，按照惯例我去班里巡视晨读，远远就听到朗朗的读书声中夹杂着一个不和谐的音符，我快步走到班里，果不其然，他摇头晃脑地怪腔怪调地读着书……他就是我第一次到这个班上课，就认识并且牢牢记住了的Peter。

说起和Peter的故事，那真是说来话长。记得我在他们班第一次上课，当我讲兴正浓时，忽见教室最后一排一位学生手托一本漫画书津津有味地读着，还不断地发出笑声，我压了压火气，看了一下座次表，严肃地说："请Peter同学放下书！"而他却狠狠地白了我一眼，极不情愿地放下了书。在接下的时间里他用极度夸张的动作不断地翻书，四处张望，以示抗议。

以后每节课Peter都有看漫画书、说话、打闹的现象发生。我注意到他认真听讲的时间总坚持不到10分钟，我还发现他经常不带英语书，并经常抢别人的书看。还随便打断老师的教学，发表自己的见解；布置的作业也从来不完成，总说作业本忘在家里了，有一次我让同学当堂完成作业，他先是找不到作业本，后来在我的督促下慢腾腾地写了几个单词，动作简直比电视机里的慢镜头还要慢，我一离开他的课桌，他就停下来了，结果那次作业最终还是没完成。

这样一个学生，让所有任课老师煞费苦心，绞尽脑汁。我反复的批评教育，也只能收到一点点效果，他实在太不长记性了，没过几天，老毛病又犯了。这样屡教不改，真是让我绝望极了。我决心更加深入地走进他的内心世界，真正地去帮助他。

　　我通过各种渠道了解了Peter的情况。他生长在单亲家庭，父亲在他三岁时就与他的妈妈分手了，自此以后就很少跟他们联系，母亲一个人带他，从小总觉得对不住孩子，因此对他很溺爱，可母亲对他的期望值又很高，觉得他脑子并不笨，而成绩偏偏差强人意，妈妈为此伤透了脑筋。

　　了解了Peter的情况后，对他最初的恼怒竟一下子消失了。是啊，他太可怜了，从小缺少父爱，而且因为爱在班里惹事生非，同学也不喜欢他，老师也不满意他，他太孤独了。这时候如果老师再一味地批评他，小小年龄的他心里该是什么滋味！

　　这次，我决定从表扬入手。每个孩子身上都存在着闪光点，只是教师没有发现，如果换用一种教育方式，也许就能出现奇迹。于是我在班里跟学生们说，我有一双神奇的双眼，专门能看见别人的优点。学生们很惊奇，仿佛发现了老师有特异功能似的，都瞪着眼看着我。我又说，我发现，每一个人身上都有优点，并举例说明了几个学生显而易见的优点。学生们纷纷坐直了身子，仿佛要努力在老师面前表现自己的优点，得到夸奖。我有意瞥了一下Peter，意外地，他也坐直了身子，侧耳倾听。我窃喜，原来他也很想知道老师发现了他身上有什么优点，他也想听到表扬的话语啊。

　　我知道机会来了。我假装无意地走到Peter的身旁，轻轻抚摸着他的头，对同学们说："你看咱们班的Peter，他很乐意帮助老师做事，上个星期，他看见老师们往办公室搬卷子，就主动帮忙，累得满头大汗。"（其实那也是我为了"走近"他特意安排的。）说到这里，同学们开始有了躁动，有的向他投出了惊讶的目光，有的在交谈着什么……也许，今天的夸奖太出乎意料，毕竟与他的平时表现不太相符。我继续说："除了这个，还有呢，Peter还会写小说呢，而且在网络上投稿还获奖了呢。"这时，同学中间有了更大的躁动，从开始的怀疑、惊讶变为了啧啧称赞，大家纷纷向他投去赞赏的目光。这时的Peter坐得更直了，小脸已涨得通红。这样的夸奖，这样隆重的场面，对于他来说，还是第一次。这是多么令他激动的事情啊！

　　接下来的几天，Peter认真听课的时间长了，小动作也明显少了，还能举手回答老师的简单问题了，作业也能按时完成了。我也尽量多给Peter表现的机会，让他充分享受做好学生的感觉。从他那喜滋滋的脸上，我明白，他已经品尝到了做好学生的甜头了。

教师的鼓励和表扬就像一道神奇的魔咒。飞到哪个孩子头上，哪个孩子就变成了哈利波特。教师的鼓励和表扬也是一剂速效药丸，可以治疗学生的顽皮、焦躁、粗心等症状。教师的表扬就是学生进步的阶梯。我发现无论是哪个学生，受到鼓励表扬的效果远比批评指责好得多。我们成年人不也一样吗？倘若得到同事和领导的欣赏和赞扬，我们的工作再累，心里也感到愉快。孩子更需要得到鼓励，在他们成长的道路中，我们能多给他们一些赞美和欣赏，他们就能多建立一份自信，对他们的一生也会产生积极的影响，我们千万不能小看鼓励和表扬的力量啊。

当我们去爱孩子的时候，我们难道非得天天板着脸，指责他们这不对那不对吗？我们非得用严厉的目光，和他们拉开长长的距离吗？适当的批评固然需要，但倘若我们能善于俯下身来倾听他们的声音，善于随时随地悄悄地观察他们的表现，我们会发现，他们其实并没有如我们想象中那样充满了缺点。他们千姿百态，各有不同，一个亲切的笑容和一声真诚的鼓励，都能让他们绽开笑颜、更加热爱我们并且热爱我们的课堂。老师们，让我们去发现孩子们的优点吧，让我们为每位孩子幸福的人生奠基吧。

故事 16：小题大做

文 / 赵家珍（北京市海淀区五一小学）

下课铃响过后，我信步来到班里……

当我环顾四周时，却发现冉冉正低着头，手里抠着笔，坐在座位上，活像一个受气包。怎么了？难道……正当我疑惑时，他的帮手鹏鹏走过来，"这么简单的批注你还不会？真是的。"趾高气扬地说着，顺手把一本语文书甩到冉冉面前。冉冉张了张嘴想说什么，他又看了看鹏鹏，当发现鹏鹏极其不耐烦，就又把话吞回肚里，很不情愿地打开书。"快点，别给咱组抹黑。"当鹏鹏发现我注意他时，又看似很认真地给冉冉讲着，还时不时地用眼睛瞟着我，而当发现我的注意力在别人身上时，鹏鹏就又自顾自地干别的去了。

鹏鹏是个成绩优秀的孩子，爱发言、善思考，学习兴趣高，但不喜欢参加集体劳动，不愿正视自身的不足，有时很自私。而冉冉成绩较差，上课不会听讲，作业常不能完成，表达能力很差，但也想把事情做好。在组成合作小组时，在我有意识地引导下，鹏鹏选择了冉冉，冉冉成为他们合作学习小组的一员，鹏鹏自然而然地成为冉冉的帮手。冉冉最近有了进步，原以为冉冉是小组合作学习的受益者，谁知鹏鹏和冉冉竟是这样"合作"？我心头一震：小组学习是培养学生与人合作的能力，在这个学习过程中学生愿意把自己的思路和别人共享，他们能互帮互学，能取长补短，随着活动的增多，他们应感到小组合作的快乐，愉快地成长。没想到鹏鹏居然把帮助冉冉当成一种负担，冉冉则处在被动状态，不说，不动，只剩下机械地抄了。看着鹏鹏那种不自觉产生比别人强的"优越感"，我真想把这个有点自以为聪明的孩子叫过来狠狠地批评一顿，但又想到他的虚荣心很强，只爱听赞扬的话，经不起批评。唉，还是"大事化小，小事化了"，给冉冉换个小组吧，有耐心又愿帮助同学的人可不少。但转念一想，这只是治标不治本的缓兵之计，"好孩子"身上被"闪光点"掩盖的其人格方面的缺陷和问题，有可能变成一枚可怕的"定时炸弹"。为了促使孩子们健康成长，我认为理应加强对他们的教育，矫正他们的不良行为，于是我决定来个小题大做，先给他进行示范。

我把冉冉和鹏鹏叫过来，当我得知冉冉不知道批注什么时，微笑着问冉冉："这篇文章中你喜欢哪句话？先画出来。"我把目光投向鹏鹏，鹏鹏很自然地接过我的话茬："你为什么喜欢'沟水汩汩，很满意地响着'这句话？""人满意，为什么用来写水呢？"鹏鹏进一步引导。冉冉挠挠头："我明白了，是拟人。"我笑了，给两给孩子竖起了大拇指，我很欣慰，我的示范作用见效了。

在小组合作学习时我有意识地加入他们的小组，倾听他们的发言，适时给他们一些点拨。我也适时和鹏鹏谈心、沟通，有意识地向他传达一些观念，同学之间是平等的，大家应该互帮互助才能共同成长。

我知道，鹏鹏特别在意老师对他的评价，班会课上，我大张旗鼓地进行合作小组的评价，让合作小组中的后进生谈自己的收获，并向自己的帮手鞠躬表达最真诚的谢意，然后在评比栏中给自己喜欢的帮手贴上一枚小红花。我看到，当冉冉拿着自己全对的作业本兴高采烈地向同学展示时，当冉冉向鹏鹏深深地一躬时，鹏鹏那灿烂的笑容中似乎还有点不好意思。我知道，孩子在享受成功的同时，会倍加努力。

通过两年多磨合和利用各种方法引导，孩子们逐渐懂事了，我很是欣慰：孩子们愿意参与小组合作学习，鹏鹏等优等生成为了老师的左膀右臂。总之，在孩子成长的过程中，老师要善用机会，用爱心铸造每一句话语、每一个眼神、每一个微笑、每一个手势、每一次行动，小题大做，使优等生与后进生共同进步，达到双赢。

故事 17：小悦变了

文 / 陈国红（北京市海淀区五一小学）

转眼间，新的学期又来到了，我接了一个新班。今天，学生们第一天返校。

来到操场，我一眼就看见了一个女孩子正满操场追着男生打。她的打扮怎么这么奇特呀？头上戴着一堆深粉色的花，穿着湖蓝色缀满亮片的小吊带，浅粉色的超短裙，脚上是一双黑色漆皮船鞋。"这是哪个班的呀？怎么穿成这样？"我问和我走在一起的老师。"就是你们班的。"同行的老师笑着说。"不会是小悦吧？"我问。"还能是谁？"同行的老师一脸的无奈。

小悦，接班时前任班主任重点介绍的就是她：别看是女孩子，能量比男生都大，更主要的是她父亲，认为自己的孩子是最好的，老师请了两次家长，被他骂了两次。

今天第一次见到小悦，我就觉得她与众不同。

现在的我根本来不及多想，连忙举起班牌组织学生去新教室。一路上，小悦又是笑又是说，不是捅这个就是打那个，一刻也闲不住。其他学生在她的影响下乱哄哄地随着我向教室转移。

放学时，我又领略了小悦爸爸的"风采"。孩子们排着队刚出校门，她爸爸就冲了过来，把她从队伍中抢出来，摘下孩子的书包得意地扔到自己肩上。其他家长见状不等我宣布解散，也都上来领孩子。整个队伍立刻乱作一团。我吃惊地看了一眼小悦的父亲：戴着墨镜，叼着烟，脖子上挂着一条筷子粗细的金项链，这是怎样的一个家长啊！这时，我又想起前任班主任跟我说过的话：这个家长自我感觉不是一般的好，总想出风头。可现在这哪是出风头呀，分明是在添乱，莫非真是有其父必有其女？

我望着渐渐走远的学生和家长，心想，我必须改变小悦和他的父亲，否则，其他孩子也不好教育了。

我该怎么办呢？一味地批评、指责，对小悦和她的父亲已经没有用了，因为他们不缺这个；鼓励、引导、指导会不会帮助他们有所改变呢？必须要尝试才能找到有效途径。我坚信每一个人都是向善的，做不好只是因为他不知道什么是好。

于是，开学后，我经常在班里表扬其他女孩子的装束得体，如小茜的服装颜色搭配活泼、有朝气；小婷的服装宽松舒适、方便活动；小蕊的鞋子舒适柔软、适合跑跳；小菲的头饰活泼可爱、有童趣等等。每次这样说的时候，我都会站在小悦身旁，抚摸着她，每次我还都会说：我猜小悦也有这样的服装和头饰吧。渐渐地小悦的着装发生了变化，开始有儿童气息了，我一旦发现都会及时表扬，继续给她传递正能量。在关注她装束的同时，我还在关注她其他方面的表现，比如有礼貌、守纪律、完成作业、与同学友好相处等等，同样采用树立榜样、表扬鼓励的方法，小悦也真的在一点一点发生着变化。

关注小悦的同时，我也在考虑如何转变小悦的爸爸，让他能够与学校和老师配合起来，为小悦的成长创造更多的条件。

转变是这样悄悄到来的。

为了给每一个孩子提供锻炼的机会，也为了放学时家长不"抢"孩子，我在班里开展"今天我是队长"的活动。活动规定：每天放学由一名学生整队，负责把队伍带到指定地点，再次整队，与老师说再见，之后宣布解散，学生才可以跟家长离开。队长按照学号排序，如果学生在队长没有宣布解散之前就擅自离开队伍，离开一次就失去一次当队长的机会。学生们都非常喜欢这个活动，其他家长也都支持老师的工作，只有小悦的父亲仍旧从队伍里抢孩子。刚开始小悦还跟他走，他也得意地一边走一边望着我们笑。渐渐地，就算是生拉硬拽，小悦也不愿意跟他走了，有一次小悦甚至索性坐在地上大哭起来，他也没趣地骂骂咧咧地夹起小悦走了，不过这次他可没有再回头……以后几天都是小悦妈妈来接，直到有一天真的轮到小悦当队长了，他爸爸才再次出现在校门口，这次他竟然还带了照相机，占领最佳位置等待给小悦照相。小悦高高地举着班牌神气地走在队伍的最前面，到达指定地点后，她转过身对着大家整队，"稍息、立正……"声音又高又亮，甚至因为过于用力出现了劈裂的声音，这是她第一次当队长，她的小脸因为激动涨得通红，眼睛的余光偷偷地瞟向他的父亲。我有意让小悦多整了几遍队，让他父亲从不同角度照了个够。从此，他再接孩子的时候都能安静地等待了。

　　一晃半个学期过去了，学校要召开家长会，这是我接班以后的第一次家长会。如何利用家长会帮助小悦父亲，我又动了一番脑筋。首先，我把教室布置成学生各科作品的展览室，先请家长自由翻看。接着，我向家长介绍了孩子们在校的各方面表现。最后，请部分家长介绍了自己是如何配合老师教育孩子的。我刚一宣布散会，小悦的父亲就悄悄地走出教室，我的心一下子凉了，心想我的努力可能白费了。可谁知，等家长们都走完了，我正在收拾东西准备离开教室时，一个瓮声瓮气的声音如同一声炸雷在我耳边响起："老师，聊聊！"我吓了一跳，抬头看见小悦父亲一张脸面沉似水，我心里一惊，他不会是来找我打架的吧，家长会上我只表扬小悦一次，他肯定生气了。想到这里我的心跳得更厉害了，却强作镇静地说："好，您请坐。"我请他坐下，自己却没有坐。沉默，教室里死一般的寂静。我在想着说什么，他却先开口了："老师，小悦是不是挺差的？""你认为呢？"我接着他的话茬说："这孩子八个月就会说话，不到一岁就会走路，上学前班认了不少字，还会背不少唐诗，加减法不打磕巴，别人都说她聪明，我也觉得孩子聪明。今天看到别的孩子才知道小悦不好。"我看他没有打架的意思，心里踏实了一些，连忙说："小悦是挺聪明的，只是有些习惯不太好，比如，上课听讲不够专心，作业不够认真。如果她能踏实下来认真学习，应该是个好苗子。"他脸上出现了一丝喜色，说："听您这么一说我就放心了。小悦可喜欢您呢，今后您怎么管她都行，打她都行，我向您保证，绝不找您麻烦。得，老师，天也晚了，我也不耽误您了，我先走了。"

目送着小悦父亲消失在楼道拐角处，我的眼泪一下子涌了出来，不知是因为紧张之后的放松，还是因为看到努力之后的成绩，也许都有吧……

家长会后，每周小悦的家长都要问问我她在学校的表现，我都是如实回答，并提出"整改措施"。同时在学校我对小悦的管理也更加严格了，有时还会留下她补课。她家长也真的做到了配合老师工作。到了期末，小悦的学习成绩已经由全班"倒数"变为"中游"了，其他各方面也有了非常明显的变化。

春风化雨，润物无声。看到小悦和她爸爸的变化，我感到很欣慰。

故事 18：学生在喝彩声中成长

文／杨盼（北京市海淀区五一小学）

自信心就像能力的催化剂，可以将人的潜能调动起来，将各部分的功能推进到最佳状态，能否帮助孩子建立自信心是智慧教师与平庸教师的重要区别。一句话，一个眼神，一次交谈，一个赞美，一次短暂的拜访，都有可能改变一个孩子，甚至使孩子受益终身。

四年级时，班里有这样一个男生，学习成绩很差，十分内向，很少与大家说话。据他父母反映，孩子每天晚上都在自己的房间里插上门学习到十点钟，可成绩就是上不去，父母很失望，常常当着孩子的面抱怨"鱼木脑袋"。孩子在沉默中流露着一种自卑，在众多活泼可爱的孩子们中，他就像一只不惹人注意的"丑小鸭"，每天默默的来上学，默默的背着书包里离校。在一次兴趣课上，我发现这个孩子坐在自己的座位上，津津有味地看一本有关航空母舰的兵器书，神态是那样的专注，让人不忍心去打搅。下课后，我单独找到他。"才上四年级，你就看有关兵器方面的书，那可都是一些高科技，成年人都未必能懂，你真不简单呀？"孩子的脸立刻涨得通红，兴奋地说："我每天晚上都偷着看，里面可有意思了。""你能不能每天给老师讲十分钟，也让我也长长这方面的知识。"孩子高兴地回答："行"，孩子的眼里顿时闪现出一丝亮光，这种光彩好让人振奋。从此，孩子每天都讲兵器方面的知识，有时单独讲给老师，有时课间讲给同学，有时在家还讲给父母。一个月过去了，孩子变得爱说话了，精神面貌也好了起来。我再一次单独找到他："这些日子，我从你那里长了不少知识，我一直在想，这么难学的知识你都懂，我就不信，你的学习搞不上去。"果然，孩子的学习成绩很快就上去了。他的父母也高兴地说，孩子这段时间仿佛变了一个人，真是出乎意料。

我尊重了孩子的兴趣和爱好，顺其自然，用鼓励抚慰了孩子自尊心受到的伤害，用喝彩恢复了孩子的自信。如今，这名学生已成为了清华大学的高材生。多少年过去了，我的心中一直珍藏着这个小故事。它时时提醒着我，作为教师，也许就是自己不经意的一次小小的喝彩，世界就多了一份亮丽。

一句小小的喝彩往往能驱除学生心灵的阴霾，使他们看到生活的美丽和绚烂；一句小小的喝彩也许能消除自卑学生心灵的雾障，使他们信心倍增、勇气倍增。也许就是你我之间不经意的一句小小的喝彩，世界就多了一份亮丽，让我们为学生们而喝彩吧！

故事 19：野百合也有春天

文 / 王彩霞（北京市海淀区五一小学）

随着2013年的来临，我已经工作21年了。这21年中，自己在教育教学中除了琐碎繁杂的日常工作以外，偶尔停下来，回首以往的人和事，会有许多新的感悟。

几年前，刚一放寒假的时候，收到了2000届六年级毕业生的邀请，这批学生我带了6年，他们邀请我一聚。接到电话后，我兴奋地几天都在惦记着这件事。说老实话，尽管已经上班这么多年，收到毕业生邀请还是第一回。尤其是他们毕业时我们的通讯还不像现在这么先进，手机还未普及，真是难为他们是怎样千方百计地找到我和其他同学们的联系方式。我在等待的那几天，心情格外急切，一闲下来就一遍一遍的回忆孩子们的模样和名字。终于见面了，没有预想中那么复杂，见面就是自然而然的拥抱、大笑、拉手。接着就是畅谈。

十几年过去了，当初的挂满鼻涕的小男生摇身一变成了货真价实的帅哥，胆小怕事，处处要人照顾的小女孩变成了侃侃而谈的小学者……时间啊，真是神奇。谈了一个多小时，一波一波的学生都已经聊过。这时环顾四周，在一个并不显眼的座位上，坐着她——冬星，从一年级开始就让我费神最多，最动肝火的一个。倒不是她多么桀骜不驯，也不是她顽劣成性，经常给我惹些小祸，而是她实在是学习起来太费劲。虽然十几年过去了，但他们在小学时的样子却像老电影一样出现在眼前。从一开始教他们我就发现这个小冬星实在不会听讲，不是手里玩东西，就是东张西望，左顾右盼。一旦安静下来，眼睛肯定盯着教室某一处在冥想。一节课我经常要利用各种机会提醒她，可毫无起色。等到该写作业了，她什么都不会，只好重新再给她讲。讲了一遍，不会；两遍还不会，强忍着火气讲了第三遍，还是不会。那时的我刚刚上班三年，年轻气盛，看着她什么都不会写，一问三不知，火苗立刻燃烧起来。接着就是一顿数落："上课讲时你不听，现在不会了吧？一年级就不会，你怎么上二年级啊？""我都单独讲了三遍了，怎么还不会写？""能不能用点心？"……

而她大概被我的批评吓到了，眼眶里满含泪水，想哭又不敢哭出来，看到她这副模样，心里立刻又软了，赶紧再哄她。后来，还是想了很多方法，和家长一起商量怎样来帮助她，可是，感觉起色不大，以至于有一阵我们都很担心她中学怎么办啊。

正在我还沉浸在回忆中的时候，小冬星可能是看我这终于有空了，微笑着走了过来，目光是那样的柔和，安静和自信。她和我娓娓道来这些年的经历，小学毕业后进入了对口的一所普通中学，初中毕业后顺理成章的直升了高中。这些年好像一直对学习找不到感觉，成绩一直徘徊在班级的中等位置。高考那年考入了外地的一所大学，今年大三了，已经开始考虑找工作的事了。从高考那年暑假开始，她就已经开始为自己挣学费了，帮别人送过外卖，在餐馆打工。在餐馆打工的那年还向后厨的厨师偷学了些厨艺，回家做给爸爸妈妈吃，受到一致好评。现在正在吉野家打工，大四的学费又快攒够了。等自己顺利毕业后，如果找不到合适的工作，她就还这样一边打工一边学习烹饪，争取掌握一技之长，好制定更长远的规划。

看着冬星，我真为她的变化而高兴。一个过去不被家长老师看好的学生，现在已经能自立了，也能为自己设计一个很实际的未来规划，这样的孩子不比那些只知道死读书，大学报到还要年迈的父母护送的强多了？更多的毕业生找不到工作，理所应当的"啃老"。望着那清澈的目光，仿佛从来没有过当初受批评时委屈的泪光和幽怨的情绪。由此，我不禁感叹，时间真是一位魔术师，也再次验证了那句话："用发展的眼光看待学生"。再普通的小花也会绽放属于她的芬芳，今天的后进未必是永远的后进，她总会找到属于自己的成功体验。

现在，每当我再次遇到那些对学习"没感觉"的学生，我就会想起小冬星，她的经历提醒我，不以单一的学习评价孩子，请给他一些耐心，再给他一些耐心。

以赏识的眼光和心态去看待每一个学生和每一个孩子，善于发现他们的闪光点。我也希望有了老师对他们的信任、尊重、理解、激励和宽容，他们能拥有自信和自立。

故事 20：用自己的方式欣赏音乐

文 / 周秀娟（北京市海淀区五一小学）

　　有的音乐老师认为有些学生天生乐感差，所以不太关注他们，于是这些学生就可能会真的丧失了应有的乐感，甚至失去了对音乐的兴趣。其实只要细心地关注每个孩子的特点因材施教，让他们用自己的方式来诠释音乐，每一个孩子都能走进音乐、享受音乐。

　　这个特殊的男孩子叫小春，在他出生前爸爸就进监狱服刑了，只有妈妈带着他。在单亲家庭长大的他表现出让人担忧的情况，从不与人交流，永远用敌视的目光看着大家。在学校经常无故打人，班里同学都不敢招惹他，在家里也无故发脾气，妈妈也拿他没办法。第一次上音乐课我就发现了他的不同：他不唱歌、不听音乐，不参与任何音乐活动。怎样才能走入小春的内心世界，让他也能和其他孩子一样融入音乐，感受音乐艺术的魅力呢？我决定从课下主动亲近他、拉近和他的距离入手。下课后我会在楼道里刻意走过他身边，温柔地问他喝水了吗？上完厕所了吗？开始小春不说话，渐渐腼腆地笑笑，后来有一次竟然破天荒地对我说了声"谢谢"，再后来，大家都不相信的奇迹发生了，小春在课堂上竟然举起了手，虽然那手举得躲躲藏藏，但我还是敏感地发现了，我心中一喜，请小春回答了他上学以来的第一个音乐问题。此后，我经常在音乐课后找机会留他聊聊天，发现小春其实内心特别热情，渴望与人接近，只是因为自己的家庭背景，让他有了极端的自卑感，再加上缺少必要的交流与关爱，大家疏远了他。打开了小春的心扉，下一步怎么办呢？我有意让小春帮忙拿拿东西，擦擦黑板……随着时间的推移，小春与我越发亲近起来。我知道，要让小春找到音乐的快乐，需要有突破口。终于，契机来了。"同学们，请展开自己的想象，根据听到的音乐旋律画一幅表现音乐情感的画，看看谁画的与音乐情感最贴切"。小春眼睛忽然一亮，开始埋头作画。他第一个画完后兴奋地大声问："周老师，您看看我画的行吗？"。全班都回过头去看，发出了惊讶的赞叹声，他画得漂亮极了，想象力极为丰富。我马上让他解释自己的创作灵感，小春开心地、甚至是滔滔不绝地解释起来。同学们看着他的画，听了他贴切的解释，不约而同地鼓起了掌，小春脸上洋溢着掩饰不住的兴奋。

以后的课上，我根据小春爱画画这个特点，让他把欣赏的每一首曲子用画面表现出来，每次他都能一遍遍地认真欣赏音乐，然后根据想象画出一张张美丽的图画。

小春渐渐变了，自控能力增强了，变得喜欢上音乐课了，欣赏音乐时的专注程度甚至超越了大多数同学，这种特殊的理解音乐的方式让他成了音乐课上的小明星。小春用自己的方式诠释着每一首乐曲，用自己的心灵诠释着音乐艺术的魅力。

故事 21：用爱让学生体验成功

文 / 郝丹（北京市海淀区五一小学）

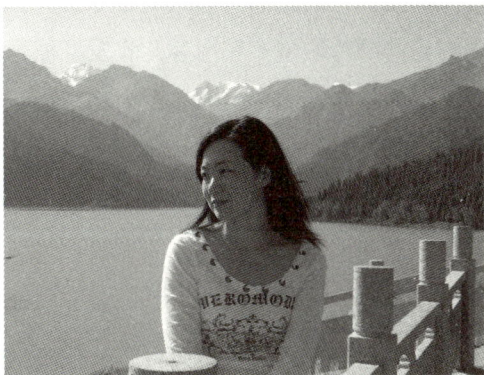

作为老师，自然希望班里的每个同学都是表现良好，成绩优异的。但由于其生活环境和家庭氛围、先天资质的差异等多方面的因素，同学之间总是有一定的差别。如果我们能充分利用每个学生的特点进行个性化引导，就会缩小这种差别，使学习较好的学生形成一个自我学习的空间，学习表现较差的学生能迎头赶上，充分营造良好的班级学习氛围。

我在接手一个三年级班时，班上的同学反映有位同学从一年级开始就是"躺着上课"。一周以后我真是"领教"了。一天我在上课，正当我讲得津津有味时，他突然躺下，时而仰面朝天，时而匍匐前进，甚至突然"消失"在课桌后。我安静地等待他，同学们也静静地望着他，一分钟后，他也意识到什么，回身看看我们，慢慢起身回到了座位。

后来我多次和他的父母交流，发现了问题的症结。他的爸爸教育孩子就一个字：打！他的妈妈也是一个字：护！因为从小惯了一些小毛病，小区里的同龄孩子都不和他玩。上学以后班上的同学也不爱和他在一起。

针对这样的情况，开始上课时我对他的一切行为都"视而不见"。首先保持老师心情平静，同学们自然不会浮躁，保证了基本课堂秩序。我一直在寻找他的"兴趣点"。我发现他很爱看动画片，我就在每次教学时有意识的加入动画片的情境，整节课牵着他的兴趣点跟着大家一块儿学习，例如，那天正好演了《喜洋洋与灰太狼》中灰太狼发明捕羊利器，第二天课上我就以此为开头,对孩子们说,"灰太狼发明了捕羊利器,那么他是不是能真正捉到羊呢?今天我们在课上去寻找结果吧!"当然我设计了一些小情景,只有确定了题目,才能向下一步挖掘,整节课不但同学们兴趣高涨,连他也一直保持着高度的注意了,我很欣慰!

就这样,我还利用每天放学后的10分钟,不批评他,不谈他的问题,而是讨论动画片的情节和内容。我发现他看待动画片中的人物时很有正义感。我就适时根据动画片中的正面人物进行引导,时而谈他们能力很强,时而谈他们的团结精神,时而谈他们扶贫助弱,时而谈他们礼貌待人。一段时间后,我发现他有了一些转变,及时找几个中队干部开会,要求他们友好的接近他,课间主动找他玩。让他感觉到同学之间的温暖。一有进步,我就会在班上表扬他,同时也指出不足。一学期以后,这名同学有了长足的进步,基本融入到班集体的生活和学习中。其他原来表现较差的同学也感受到了他的上进,起到了良好的效果。最让我感动的是,今年教师节他来找我,既没带鲜花,又没带任何礼物,只是问我,他应该上哪所中学,并且保证只要是我希望的,他就一定能考上,当时我热泪盈眶,我感到很幸福。

孔夫子讲有教无类。我们不仅要给孩子们提供平等的学习环境和条件,更应该关注每一个个体。因材施教,个性引导,让每一个孩子享受到科学文化知识和现代文明教育才是我们真正的责任,这才是真正的有教无类。

【专家点评】

我们每个人都曾经是特殊儿童

首都师范大学初等教育学院　李敏（博士）

随着社会发展和教育进步，特殊儿童这一概念在教育世界中的界定和使用发生了重大改变。我们对特殊儿童的定位由过去指涉"盲、聋、哑、残人和弱智儿童"拓展为指向"一切有着特殊需要的儿童"，这种改变反映了社会的进步和思想的解放，这种改变更具体地反映出"以人为本"的新型儿童观。正因为我们由仅仅关注弱势群体的特殊需要扩大至关注每一个个体的特殊需要，我们才有理由宣告我们开始由"全纳教育"时代进入"全民教育"时代。全民教育时代旨在让每一个公民都能受到适当的和个别化的教育。德国有句谚语："一个优秀的教师一定要记得他自己也曾是个孩子。"这里，我们想进一步说："一个优秀的教师更要记得我们每个人都曾经是特殊儿童"。当教师能够时时刻刻记得自己也曾经是一个有着特殊需要的儿童时，最具有关爱心、敏感心、尊重感和影响力的教育就开始发生了。

武日娜老师在《花开初夏　绽放芬芳》一文中提到的小侯、徐莹老师在《我会陪你一起走》一文中提到的小鹏，李粉霞老师在《我与Peter的故事》一文中提到的机灵古怪的Peter、郝丹老师在《用爱让学生体验成功》一文中提到的"躺着上课"的孩子，是四个个性鲜明、特立独行的男孩。首先应当认识到，男孩子最富有的就是释放不尽的力量和抗争性，这本身并没有问题。但如果力量用错了地方，便成为教育要关注、要干预的目标了。在这四篇娓娓道来的叙事中，孩子们在老师的细腻观察和教育干预下，均有效调整了"自我为中心"的偏差心理与行为。武日娜老师和李粉霞老师准确地把握了小侯和Peter的特殊心理特点和需求，善用"表扬——批评——表扬"（三明治效应）的表扬方式；徐莹老师对小鹏则表现出更多元的智慧和耐心，采取了赏识、等待和同感的教育方式；郝丹老师则采用情景剧疗法（动画片），深入挖掘动画片的教育性，对孩子施以恰当的引导和影响。四位老师成功地让四个孩子在合理认识自己的过程中获得了力量感，卓有成效地将孩子的生命能量吸引到更多有意义的活动中来。在文章中，我们欣喜地看到，四个孩子都有了可喜的变化和进步。

蔡冬梅老师的《进步的支点》一文、刘雅红老师的《让每一朵花都绽放》一文、杨盼老师的《学生在喝彩声中成长》一文均向我们讲述了一个用鼓励和放大优点的教育方式成功影响和改变一个孩子的故事。文中的主人翁小杰、小雨和一个被父母抱怨为"榆木脑袋"的男生都非常具有现实代表性，像这样默默无闻的孩子在每个班级中都存在，他们的需要也往往最容易受到忽视。然而，这样的孩子最为敏感，他们对外界的关注和帮助往往反应也最为及时和显性。因此，默默无闻的孩子需要教师主动走近、主动发现他们的兴趣和潜能。蔡冬梅老师、刘雅红老师和杨盼老师也正是这样去做的，所以才发现小杰是一个极具绘画天赋的璞玉，才让小雨成为一个自信、美丽、大方的姑娘，才让"鱼木脑袋"摇身一变，成为一个"高科技"达人。

贾卫莲老师在《美丽的小辫子》一文中再现了一位因生病造成双耳失聪，难以与同学展开正常交往并时常受到同伴奚落的孩子，在老师主动走近、向她伸出妈妈般的手之后，逐渐变得自信、阳光的故事。故事转承启合，当看到孩子因为想得到老师更多关爱而故意把头发弄得乱乱的，等待老师帮她梳理时，不禁让人动容。从这里，我们感受到每个特殊的儿童并不特殊，他们在教育的世界中有着共同的需求，那就是对爱、尊重和信任的渴望。

宋雅敬老师在《让"淘气"的孩子走上讲台》一文中的主人翁是个淘气包。这样的学生往往很有主见和个性，也往往让老师感到头疼和束手无策。教师用"以每天为单位进行思考，进行总结"，对孩子进行持续的观察和引导。水滴石穿，当教师找到孩子身上激发热情和潜能的触发点时，对孩子而言，最伟大、最人性的教育就开始了。

赵家珍老师在《小题大做》一文中聚焦了一对结对子进行互助学习的

两个学生。我们充分感受到更巨大的教育力量潜藏在儿童关系性的成长过程中。赵家珍老师通过用心的观察和巧妙的心理策略，对优等生鹏鹏和后进生冉冉施以全人格的引导和影响，让孩子在有引导的交往中自觉地实现了自我调整，获得了心灵的成长。

陈国红老师在《小悦变了》一文中捕捉到一对十分有时代感的父女。如何向衣着"前卫"的孩子和个性鲜明的家长表达朴素的教育观念和情感，是一个让许多教师困惑的问题。在文中，我们看到陈国红老师巧妙地采取借力发力的教育方法，在矛盾最突出的事件上创造消退矛盾的契机和方式，最终逐渐改变了孩子和她的家长。这是一个十分具有代表性和极富启示的案例。

王彩霞老师的《野百合也有春天》讲述了一个与其他老师完全不同的故事。她没有聚焦当下自己所教的小学生，而是在时间穿梭机中将她曾经教过的一个"特殊儿童"进行了今昔对比，她也没有用成功教育案例来做示范，而是对自己内心做了深度省思。她弥足珍贵地通过孩子给予她的惊喜来反思过去教育的不足和未来教育的可能路径，这种专业的精神和心态十分值得肯定。

看到周秀娟老师《用自己的方式欣赏音乐》的故事，不禁让人想起影片《放牛班的春天》里感人的镜头。怎样改变一个对生活有着敌意和破坏欲望的孩子，是许多老师也会遭遇的难题。特殊的孩子必须选择特殊的路径来帮助他寻找到自我和方向，寻找到生活的光亮和意义。周秀娟老师用音乐和绘画敲开了故事中的主角——小春的心门，让这个孩子在审美的过程中睁大了真善美的眼睛，丰富了曾经干涸的心灵。

在这13个故事中，我们鲜明地感受到教师无比温暖的内心和极具创造性的教育能力。同时我们也看到了，特殊儿童真的仅仅是有着不同特殊需要的儿童，对于这些孩子，削足适履万万不可，因势利导可能才是最明智的选择！

第三章　幸福相伴

——班级文化的故事

苏霍姆林斯基曾经说："无论是种植花草树木，还是悬挂图片标语，或是利用墙报，我们都将从审美的高度深入规划，以便挖掘其潜移默化的育人功能，并最终连学校的墙壁也在说话"。教室是学生学习、生活的主要场所，整洁、明丽、温馨的教室环境可以激发性情、陶冶情操，给人以启迪教育。

故事 22：从偶像到榜样

文／左娜（北京市海淀区五一小学）

很多老师喜欢用这样的教育方式：每天拿出一个固定的时间，滔滔不绝地向学生灌输一些人生哲理。但是，在高明的老师眼中，教育方式不拘一格，教育契机随处可见，甚至可以根据一些特定的需要，创造教育契机，我就在自己班上做了一次大胆地尝试。

我们学校是篮球传统校，在体育课上孩子们会学习打篮球，许多的同学们都热爱篮球，心中都有一个篮球梦。这几天，我发现班中的孩子们课间三个一群、两个一伙在谈论着什么，我感到十分好奇，悄悄地走近他们，原来他们在聊篮球比赛。我了解到班里的学生都热爱篮球，许多学生都是北京首钢篮球队7号球员解立彬的球迷，视他为自己的偶像。在与孩子们的交流中，我感到孩子们敬佩心中偶像叱咤球场的威风，却不知道球员训练时的艰辛，要知道球员们赛场上的威风那可是无数场下艰辛的训练换来的。我感到这正是对孩子们进行教育的好机会。

针对这一情况，在班中文昕妈妈的帮助下，我邀请了首钢篮球队的解立彬来到学校参加我们班的《从梦想到现实》的主题班会。班会当天，孩子们心中的偶像首钢篮球队的解立彬应邀来到学校，他比我们在篮球场上看到的高多了，平日里在篮球场上驰骋的他，今天就坐在孩子们身旁，孩子们真高兴啊！在热情的欢迎仪式后，解立彬叔叔坐在话筒前给孩子们讲了他是如何不断努力、追逐自己篮球梦想的。解立彬从自己少年时代说起：少年体校的苦练，首钢二线队的磨砺，成为职业球员的压力……随着解立彬的娓娓道来，孩子们仿佛看到了一个懵懂少年在烈日下挥汗如雨地运球，又好像看见了一名球员在球馆里不知疲倦地练习投篮……此时，孩子们才真正明白了"台上一分钟，台下十年功"的真正内涵，"成功没有捷径，梦想需要追逐"的概念悄然发芽。室内活动结束后，学生们又到篮球场和解立彬叔叔秀球技，能得到专业球员的指导，孩子们感到无比荣幸。

一条红领巾、一束鲜花代表着同学们对解立彬叔叔的感谢，一个签着首钢篮球队所有队员名字的大篮球传递着解立彬叔叔对同学们的关爱与鼓励。活动虽然结束了，但是大家从活动中所感悟到的——所有的成功都需要努力，实现梦想没有捷径可走，将深深地印在心中。我想孩子们也会为实现自己梦想而不断努力。

在那天的日记中，许多孩子都写出了自己的感受，他们或是写出了自己对解立彬拼搏精神的敬佩之情，或是表达了自己将来要成为一名篮球队员的理想，更多的是写出了自己对梦想与现实的崭新理解：没有努力付出，梦想就是空想。我想这些孩子在活动中所感悟到的，远远比老师、家长的一遍一遍的说教要深刻得多！

故事 23：好书漂流记

文/李铁（北京市海淀区五一小学）

我很喜欢读教育故事，更喜欢将它们介绍给家长朋友们，让好书伴我们共同成长。

我曾经教过一个小男孩小铎，他人很聪明，但是却有一些不好的习惯，而且，和他家长沟通的时候，家长总会偏袒孩子，为孩子的问题找种种借口。

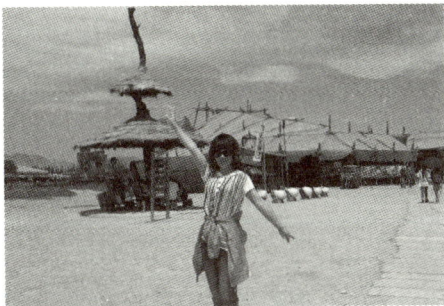

经过到这个孩子家中家访，我了解到孩子的妈妈一直比较娇惯孩子，对孩子的习惯养成不太在意，但比较注重才艺的学习，自认为自己把孩子教育的不错，认为孩子出类拔萃、无人能比。看来，孩子存在的问题如果能换一种方式帮她分析，让她自己知道其中的弊端就好了。采取什么方法好呢？正在我苦于找不到方法的时候，一天，一个朋友打电话跟我借辅导孩子写作的书。对呀，家长也是需要学习的。孩子的成长离不开父母的呵护与教导，每一位家长也都是对孩子影响深远的老师。在孩子成长的同时，家长们也在学习做家长，有经验、有教训、有困惑、有顿悟、有反思。孩子的问题家长看不到，老师的话听不进去，这时就可以建议他读一本书，让其到书中去学习，进而反思，找到自己教育的误区与盲区。

我想起前不久刚读过的《告诉孩子你能行》、《坏习惯，坏成绩》、《怎样辅导孩子写作业》、《你会教孩子吗》等几本书。但是直接把书给小铎的妈妈，她又会多想了。于是，根据班级学生家长学历比较高的特点，我在班里开展了"小手拉大手读书活动"。每个月，孩子们分批轮流从我这儿帮家长借书，我也力争从各种渠道找到图书，让每位学生家长每月至少借阅到1本图书。如果愿意摘抄可以摘抄，有了感想也可以写下来。孩子们都争先恐后地帮家长来借书，小铎争取到了第一批的资格，帮妈妈挑选了《告诉孩子你能行》带回了家。没想到，过了两周，小铎妈妈给我写了一封信，信里有这样一段话，印象很深："前不久，孩子带回一本书——《告诉孩子你能行》，看完了让我不禁想起了铎铎一年级的时候。一年级的小豆包们开始有组织有纪律的学习生活了，很快，铎铎就带回家一个'新闻'——40个同学每人都有了一个班级服务岗位，有带早读、课前安排、擦窗台、黑板卫生、倒垃圾等等……这些也许在大人看来微不足道的小事，对成长中的孩子来说意义却不同寻常。现在想想，我明白了班主任李老师为什么要做这样的安排，因为这样可以让每一个孩子懂得责任的重要，懂得付出一分，就有一分回报。作为家长，和老师一起培养孩子自己为自己负责就是从上学第一天起的重要的事情。要自己完成作业、自己收拾书包、自己做自己力所能及的事情。现在的铎铎虽然有时候很淘气，但是已经能经常帮助大人做事情了，自理能力也变强了，变化真的很大。谢谢李老师了！"

看到这些话语，我真的很欣慰，家长还是通情达理的，也是愿意配合老师来教育孩子的，只是有时候我们沟通的方式方法不对而已。从此之后，我除了用家校联系本、短信、电话、面谈等形式与家长联系外，还增加了一项内容，就是把我读过的好书推荐给家长，让家长和我一起学习，共同提高，共同成长。当然，借出去的第一批图书，我是有针对性的借给几个问题学生的家长的。因为教育效果明显，孩子的进步很大。后来，慢慢的，许多家长都给我打电话、发短信要求增加借书的名额，有的家长甚至写字条表明了借阅范围。看来，家长和老师的心情一样，都有着共同的出发点，共同的愿望，那就是一切为了孩子……为了孩子愿意读书，愿意学习。这种方式，不仅进一步沟通了信息，还增进了情感的交流。通过我的努力，使很多家长重视了子女的教育，改进了对子女的教育方法，增强了做家长的责任感，收到了很好的效果。现在，不光是我，连家长也加入到好书推荐的队伍中来了！

　　这两年，我们班的家长通过我借阅教育书籍将近300本，每个学期末，我也会征得家长的同意将读书心得装订成册，分发给全班家长，实现家长与家长之间，家长与老师之间进一步沟通的愿望。这样的读书活动，不仅关注了孩子的成长，也成了家长和老师的参谋与助手，让老师和家长在好书的陪伴下共同成长。

故事 24：两把墩布

文 / 张冰（北京市海淀区五一小学）

早上，一个孩子找到我说："老师，咱班的墩布又坏了。"看着他那着急的样子，我挥挥手示意他先回班。

走进教室，一眼看到暖气管上的两把墩布，一个棉头顶端的塑料裂了一个大口子，活像一个受了委屈的人在大口地喘着粗气。另一个固定棉头的螺丝少了两个，像是被肢解的试验品，耷拉着脑袋"一言不发"。唯一一个工作着的显然也是个病号，"吱扭吱扭"的发出有规律的呻吟声。

"老师，这把也快不能使了。"值日生的话把我从沉思中拉了回来。我定了定神，再一次把目光移到了靠在暖气上的两把墩布身上，看着他们的惨状，似乎有无尽的委屈要诉说。此时，我突然灵机一动，既然他们要说，何不让他们说一说。

铃声响了，我煞有介事地走到讲台前，对同学们说："同学们，上课之前我想向大家介绍两个朋友。"同学们目不转睛地盯着我，等待下文。有几个同学还垫起屁股，向门外张望着。我走到暖气旁，一手拿起一把墩布，把他们恭恭敬敬地靠在投影柜的前方。孩子们个个都是一副莫名其妙的表情，不知道我这葫芦里卖的是什么药。"同学们，这位是墩布先生，而另一位是墩布夫人……"还没等我说完，教室里爆发出一阵阵无法抑制的哄笑。我并不理会他们的表现，等教室安静下来后，我用一种无比沉痛的语调说："今天，我们在这里为他们两人开追悼会，首先让我们一起回忆他们短暂而有意义的一生吧！"在我低沉有力声音的渲染下，大部分同学都不再嬉笑了。沉思片刻后，有几个同学举起了手。

"他们每天帮我们墩三遍地，挺辛苦的。"小A说。

"他们墩过的地面很干净，我们才拥有好的学习环境"小B紧接着说。有几个同学也分别发表了类似的看法。

"是呀！他们只活了短短的三个月，他们多想继续和你们生活在一起呀！像他们的兄弟姐妹们一样继续为大家服务，可是现在，唉——"我深深地叹了一口气，"在他们即将离开这个世界的时候，他们的心中充满了对这个美好世界的不舍，和内心无处排解的苦衷。你们听到了他们的声声诉说吗？"同学们显然已经进入了我所设置的情景中，个个都表情凝重地看着这两把墩布。教室里安静极了，但是我清楚地看到孩子们的思维在跳跃，感情在升华。

大队委小C首先站起来说："这两把墩布开学初来到我们班，我们没有好好地珍惜他们，所以才使他们仅仅活了三个月。可是，他们的兄弟姐妹们也许会活一年、两年，甚至更长的时间。我觉得很对不起他们。"说完，低着头坐下了。

卫生委员小D犹犹豫豫地站起来，说："其实，我觉得我的歉疚最大，因为我是卫生委员，我应该带头保护好他们。"

在班干部的带领下，其他同学也都表达了自己的想法。

"我那天拿着它当武器和别人打闹来着，我错了。"小E挠着头说。

平时就比较调皮的小F此时居然站起来说："其实都是我不好，那天是星期一我们组做值日……"他忽然停止了说话，因为他并不是一个善于表达的孩子，我没有想到他会发言，我和同学们都把目光移到了他的身上，只见他使劲抬了抬肩膀，好像是在积蓄力量，"我、我、我去洗墩布，但是棉头太干了……我用力一拉……墩布先生的塑料就裂了一个大口子。"他看了看我，又连忙补充道："我真的不是故意的，我是怕我们组做值日超时，得不了高分，真的不是故意的！真的！"同学们的眼神从他的身上移到了墩布的大口子上，又从墩布的大口子上移到我的身上。他们期待着我对这件事做出公正的裁决。我心里一慌，说实在的，我只是想通过这件事教育孩子们要学会尊重他人，要学会用行动去爱他人，哪怕他只是一把没有生命的墩布。要是平时，想调查出这个大口子是谁弄的，那可不是件容易事。但是今天，他自己竟然就说出来了。我用一种赞赏的目光望着他，同时带头鼓起掌来。"孩子们，感谢你们的坦诚，我相信墩布先生和太太一定会接受我们的歉意。你们知道，他们俩对我们充满了期待。因为，还会有新的墩布成员加入到我们的大家庭里来。"在我的提议下我们一起制定了"班级卫生管理条约"。条约制定的非常细致，其中有一条是这样写的"我们不要随便乱扔垃圾，增加墩布的工作量，这样会缩短墩布的使用寿命"。我看着这长长的卫生管理条约，没有一条不是站在墩布的角度制定的。这难道不也是一种爱的教育吗？我们的教育不就是在追求这种"随风潜入夜，润物细无声"的教育效果吗？接受不同程度思考下的答案，在争议中引导孩子迈向更深层次的思维，这才是我们应该关注的。

最后，在同学们的倡议下，墩布先生和墩布太太没有沿袭被丢进垃圾桶的命运，而是被立在了墙角，以便随时监督我们的卫生工作。

第二天，班里又多了三个卫生新成员，而那个病号的伤口处，已经不知道被谁用红线紧紧地绑好了。从那以后，同学们的卫生意识明显增强了，班里的卫生质量也提高了。

反思自己的教育过程，我发现"童话式教育法"要想取得预期的效果，也有其需要注意的地方：由孩子们的年龄特点决定，这种方法一般比较适合中、低年级段的孩子；这种方法不宜频繁使用，否则会使孩子们产生乏味，降低教育效果；教师的语言不宜过多，但是一定用富有童趣，立足把孩子们带入到所设置的情境中；不要仅仅停留在体验感情阶段，要找准时机带领孩子们及时归纳总结，使学生的知情意行统一起来，这样思想认识才能真正指导行为表现。

在和孩子的交流中，我们成人会得到很多有益的启示，从而促使我们用一种新鲜的视角来看待孩子和自己。

故事 25：六一节的蛋糕

文/张桂华（北京市海淀区五一小学）

又到了学生们盼望已久的节日——六一
国际儿童节。这天，孩子们的喜事会铺天盖
地而来——亲朋好友的热情祝福、家长许诺
的心仪礼物、公园以及商场的打折促销。这
天，他们是绝对的主角，是名副其实的小皇
帝、小公主，是笑得最灿烂的花朵。

在我们五一小学，今天还有一个大大的
惊喜在等待着他们呢。

午饭时间到了，香喷喷的饭菜在楼道摆
好后，工人师傅推进教室一辆彩车，车上摞
了十几个大大的蛋糕："同学们，节日快乐！学校今天特意为你们定制了蛋
糕，为你们庆祝节日。快来两个同学接蛋糕吧！""哦！有蛋糕吃喽！五一
小学万岁！六一节万岁！"孩子们欢呼雀跃地跑下座位。手快的小强和小亮
双手接过蛋糕，小心翼翼地放在讲桌上。

多精致漂亮的蛋糕啊！雪白的双层奶油上用红色奶油雕出了"祝同学们
节日快乐"的字样，字的周边，点缀着红彤彤的樱桃、黄灿灿的菠萝、紫莹
莹的葡萄，还有乳白色的荔枝、淡绿色的猕猴桃。揭去盖子，一股沁人心脾
的香味顿时弥漫了教室，别说孩子，就是大人也会被馋得垂涎欲滴了。

"孩子们，把你们的餐碗准备好，老师要给你们分蛋糕了。"顿时，孩
子们结束了议论，挺起了腰板，一双双眼睛闪闪发亮，乖乖地等在座位上，
桌上放好餐碗，一心只等着老师给他们分蛋糕呢。

班里有四十三名学生，我把蛋糕尽量平均分成了五十份，按照小组的
顺序，依次把蛋糕分到了孩子们的碗里。他们一个个笑靥如花，双手捧着餐

碗，脸上溢满了幸福。

开吃啦！看他们一副副小馋猫的样子：有的端起餐碗，用舌头舔了舔蛋糕上的奶油，还咂着小嘴晃着脑袋；有的拿起餐勺，先用勺切下一小块，然后才斯文地放入口中慢慢咀嚼；有的先对着蛋糕审视一番，接着放在鼻子上闻一闻，最后才轻轻地咬了第一口。看着他们的吃相，我比自己吃了蛋糕还高兴。

碗里的吃完了，大家还迟迟没去盛饭，我知道，他们还在等着讲桌上剩的这几块呢。给谁呢？为班里工作最多的班干部？早来晚走辛苦付出的卫生委员？本学期进步最大的小淘气？似乎都不太妥。今天是孩子们的节日，老师要尽量公平做事，不能哄笑了几个，又惹恼了一群呀。

忽然，我灵机一动，何不趁此机会对孩子们进行一下引导教育？平时，他们在家在校受惯了照顾，总觉得别人的付出理所应当，有多少孩子主动地想过关照别人？就说刚才吧，作为老师的我上了一上午的课，中午又马不停蹄地一个人给43名学生分蛋糕。分完了，他们都吃得津津有味，谁顾得上看一眼老师吃没吃、想着让老师也吃一块？作为成人，作为老师，吃不吃蛋糕实在不算什么（甚至孩子们可能认为六一是他们的节日，成人不能与他们分享），但能不能抓住合理契机实施教育，却是应该重视的事情。

于是，我试探地对着一张张渴望的小脸问："同学们，为了让你们过好六一节，学校老师花费了很大精力，工人叔叔们也在忙前忙后。你们说，剩的这几块蛋糕应该送给谁呀？"

"送给校长！""送给主任！""送给张老师！""送给工人叔叔！"
……

"好。我建议，把这几块蛋糕就近送给教我们的老师和为我们服务的工人叔叔吧！"

几位班干部一人拿了一块蛋糕，高兴地送到了离我们教室比较近的几位任课老师手上。当然，也有我的一块。

我觉得，这是我吃过的世界上最香甜的蛋糕了！

下午，几位吃过蛋糕的任课老师不停地对我夸奖："张老师，你们班学生真懂事，过六一的蛋糕都想着让老师尝尝，将来肯定错不了！"

　　第二天，我又在班会上对六一这天学校和家长给孩子们安排的活动进行了梳理和总结，使孩子们进一步认识到，是老师和家长给他们创造了这么好的学习和生活环境，作为孩子，要懂得感恩，要力所能及地去关爱他人。

　　从那以后，我也经常接到家长的电话，说孩子在家里知道了疼爱和体谅大人，任性、自私的毛病改多了，感谢老师教导有方！

　　孔子说的好：人之初，性本善。孩子的自私也好，任性也罢，与家长和学校的教育缺失不无关系。所以我想，在我们向孩子无私奉献爱心的同时，还应该在他们幼小的心灵上及时播撒关爱他人的种子。这样，将来我们收获的"蛋糕"才会更大更甜！

故事 26：魔力"班话"

文 / 朱敏芳（北京市海淀区五一小学）

"朱老师，我刚看完咱们的第八期'五七班话'，了解了孩子近期的情况，看到了他的进步，这份班报真好！"这是我再一次接到小岩妈妈的电话，喜悦之情溢于言表。回想开学之初，不仅小岩的妈妈，其他的几位家长，也向我表达他们的困扰，孩子大了，有些话不说了，报喜不报忧，家长想了解孩子的表现，只能靠老师的家访，家长会后的咨询，再就是放学我送孩子们出去的短暂时间。望着家长欲言又止的样子，触动了我要解决这一难题的想法。

创办一份属于我们自己的班级通讯，这是我和几个家长委员的共同商议的。但是这不是一件简单的事，通讯的内容、形式，制作的时间、流程，谁来管理、实施，能否坚持到底，特别是可否得到学生以及更多家长的支持……这些都是摆在我面前的现实问题。于是我召集班里的大中队干部来商量此事。没想到，我的想法一提出就得到了小干部们的一致赞同。他们说：班级通讯可以使每一位家长都及时了解到我们班学习、生活和各项班队活动的情况，了解同学们的成长进步和烦恼困惑，也是同学们在这项活动中学榜样，长见识，找差距的途径，是一举多得的好事，何乐而不为呢？我们还起了一个朴实而又亲切的名字，叫"五七班话"。小干部们热情地对我提出的一系列问题进行了讨论。我发现孩子们的能量一旦被激发出来，他们的智慧和本领真是令人惊叹！他们主动承担编辑出版"五七班话"的任务，成立了编委会，还向我保证一个星期后交方案。果然，一周后，小干部们来向我汇报结果了。他们说：既然是我们班级的通讯，班里的每一个同学都应该参与设计和编辑。为了不加重课业负担，每两周发行一期，每期"班话"中设有三个固定栏目。如"金榜题名"，意在表扬宣传在一段时间内在学习、活动、常规等方面，取得佳绩和进步明显的同学，让他们得到更多人的认可；"班级快讯"总结发布近期举办的各项活动的新闻和照片，以及即将开展的活动预告等；另外还有一项颇受大家喜爱的"心灵之窗"栏目，同学们可以尽情地抒发自己的喜怒哀乐，寻找解困良方，分享成功喜悦，表达烦恼情绪，交流内心感言。除此以外，还有三个栏目是自由的，主动权交给同学们。可以是彰显个性的"创新天地"，传递友谊的"知心回音壁"；可以是拓展认知的"探索好望角"，洞察实事的"新闻眼光"；还可以是相互帮助的"分享平台"和妙趣横生的"游乐专家"等等。看到这些充满智慧和活力的内容，我心里充满了赞叹和欣赏，为了使每一位家长都能看到我们这丰富而又充满情趣的特色班刊，小干部们还将几十份同学们精心绘制的"班话"，分订成册，并在每一册的前面设置了两页"家长赏评"，以便家长看完后给予反馈和建议。每一期的"班话"制作完成后，分发到几位同学的手中，让他们带回家和家长共同分享，品评。第二天带回，再传递给另外的几个同学拿回家……

这样，两周一次的"五七班话"有序地循环着，家长成为最忠实的粉丝，给予了高度的赞赏和热情的支持，鼓励我们把这件事办下去，我们的班话发挥着它神奇的魔力。

故事 27：书香班级

文 / 郭建玲（北京市海淀区五一小学）

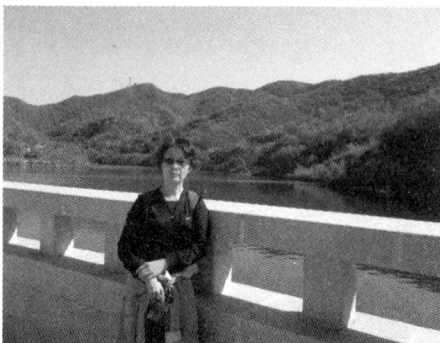

苏霍姆林斯基曾经说："无论是种植花草树木，还是悬挂图片标语，或是利用墙报，我们都将从审美的高度深入规划，以便挖掘其潜移默化的育人功能，并最终连学校的墙壁也在说话"。教室是学生学习、生活的主要场所，整洁、明丽、温馨的教室环境可以激发性情、陶冶情操，给人以启迪教育。

走进三年级15班就能看见：喜庆的串红，典雅的吊兰，小巧的仙人球，清香的茉莉花……简直是个小型花卉展。小鱼在生态缸里悠闲地游来游去，那悠然自得的样子为教室增添了一抹温馨。小乌龟也耐不住寂寞总是伸长脖子四处张望，似乎在检阅教室的环境和喜欢它的同学们。明媚的阳光透过窗隙撒在碧绿的花草上，照在孩子们的笑脸上，是那样的动人，教室俨然成了孩子们温馨的家。于是，你可以看到一幕幕这样的情景：早上，先到的同学一定是在小心翼翼地端着鱼缸给鱼换水；课间，学生一定是三五成群，或在赏花，或在给花浇水施肥；教室里少了以往的喧闹声，少了孩子们的追跑的足迹。淘气的小军早已占据有利地形，专心致志地趴在窗前观察科学小组养殖的蚕儿的成长变化，还不停地做着记录。绘画组的小莉，静静地坐在一个角落里，正在给钟爱的仙人掌画着临摹。公用的抽取纸巾没了，一定有人悄悄拿来一包补上，喷壶坏了，一个崭新的喷壶不知何时已经出现在窗台上……这样的事例不胜枚举，看到孩子们这样精心呵护这些花花草草、小鱼小龟，我感到莫大的欣慰。其实养花养草，不仅是为了美化班级环境，营造家的氛围，在这种潜移默化的教育中，孩子们懂得了爱自己、爱他人，集体的凝聚力增强了，孩子们的主人翁意识也在不断提升。这就是郭老师眼中的班级文化。

为了营造一个书香班级，我建议学生为班级捐书，每人捐3-5本，建议一提出，孩子们积极性极高，第二天就高高兴兴地从家带来了自己喜欢的书，每个人都在为班集体做贡献，有的最多捐了十本，很快班级图书角就建成了。于是，早晨、中午、课间都有孩子们聚精会神读书的身影，有了书的日子，孩子们变得安静了；有了书的陪伴，孩子们仿佛又多了新的朋友；有了书的指导，孩子们的言行日趋规范了。孩子们不仅仅喜欢在学校读书，而且把阅读的习惯带到了家中，有的学生主动和家长一起读书，这种亲子阅读不仅仅浸润了家长和孩子的心灵，还增进了孩子与家长的亲情。孩子们每天坚持20分钟阅读，在阅读中收获知识，感受快乐。我将阅读与写作相结合、写作与实践相结合，鼓励学生多读书，练习写作，绘制手抄报、制作书签等。一篇篇精美的手抄报，一枚枚漂亮的书签张贴在班级专栏里，不仅装点了教室的环境，而且锻炼了孩子的能力，提高了孩子们的审美、写作、绘画等多方面能力。为了激发学生写作的积极性，老师从每篇习作中选出优秀文章，制成电子版，编辑成优秀文集，这本文集的诞生，提高了孩子们的自信心，让学生懂得我们可以读别人的书，也可以读自己的书。更多地感受到读书带给孩子们乐趣，和写作带给孩子们成功的喜悦。孩子们都非常期待自己的文章在书中发表，当他们捧着散发着油墨芳香的印有自己文章的书时，那一刻他们是无比的骄傲、自豪！

书香浸润灵魂，文化滋养个性。如今班级建设成为学生书香生活的栖息地，良好的阅读环境、浓厚的读书氛围、形式多样的阅读活动，培养了学生强烈的阅读兴趣和良好的阅读习惯，让阅读成为生活的方式，学生们享受这阅读的快乐，在快乐中健康成长。

故事 28：温暖的家园

文 / 陈静（北京市海淀区五一小学）

"老师，小林刚才把我的铅笔盒碰掉地上了。""老师，刚才小冬又叫我外号。"这不，自从新接班以来，每天告状的孩子层出不穷。通过观察，我发现班中学生不愿与他人敞开心扉交流，不会处理同学间发生的矛盾。我与同学们商议后，决定新学年以学校开展的争创特色班级活动为契机，带领同学们申报"心灵之光"特色中队。

我们制定的班级口号是："相亲相爱，和谐进取，互帮互助，共创佳绩。"我们的班徽主体是一个心形，代表着全班同学心灵的交融，预示着六一班同学们有爱心，做事有恒心，对自己有信心，并在团结友爱的氛围中，感受到家的温暖与快乐。心形的中间是几株小苗，下面是一双大手，象征同学们在家长和老师的帮助呵护下，在温馨和谐的氛围中，茁壮成长，共创美好未来。班中的吉祥物是羊驼。象征着同学们和谐相处，团结互助，心心相连，共同进步，时刻准备着书写班级新的华丽篇章。

针对学生中存在的遇事爱斤斤计较的缺点，我决定寓教育于丰富多彩的活动之中。经过一番筹备，我组织大家召开了《心灵之光》主题班会，班会中，回顾了五年来同学间互帮互助的场景，由同学们在交心卡上向自己的朋友倾吐心声，记得小波已经有一个月没和小涛说话了，小涛在交心卡上写道："小波，那天，我实在是太大意了，不小心弄坏了你辛辛苦苦制作的飞机模型，实在是对不起啊！能给我个机会，让我们共同把它修好吗？"正是这张交心卡，使小涛找回了失去的友谊。小小的一张交心卡，拉近了心与心的距离，在学生间架起了宽容、关爱的桥梁。现在，每个同学写的交心卡，都张贴了班中的友谊树上，友谊之花在班级中朵朵盛开。我在友谊树上写道："友谊是温暖我们心灵的阳光，让我们携起手来，播下友谊的种子，品味幸福的甘甜，营造和谐的班级。" 使心灵和心灵之间，多了一份默契，有了一份感动。随后，为了使大家学会如何与他人相处，我们又召开了《包容是金》专题讨论会，班中小作家，将美国总统宽容的故事写成小品，使同学们感受到包容的人所呈现出的人格魅力。班中的小记者们搜集了大家平时对家长、同学不够包容的素材，写成相声说给大家听，使同学们在欢笑中揽镜自照，找到自身问题的所在。这两位男生还在班中成立了相声俱乐部，并组织大家积极投稿，他们用相声的诙谐幽默的方式，使大家看到充满友善、心胸开阔的人是受人尊重和欢迎的。班中的七个小组将本组倡导的包容的做法，写成诗歌从不同角度向大家发出心灵的邀请。七个小组的包容倡议在黑板上贴出了一朵盛开的包容之花，花瓣上的每个词，就是孩子们自己总结出的一把把打开人生之路上友谊之门的金钥匙。

通过班级文化的建设，我惊喜地发现，原来难以解决的班级中学生的共性问题，悄无声息地消除了，积极、向上的班风随之自然而然地形成了，我们的培养目标润物无声般地达成了。它给我带来惊喜和振奋。班级成长的过程，也是我成长的过程，我和孩子们在共同享受着班集体所带给我们的每一分快乐，每一分幸福。在为学生的幸福人生奠基的教育过程中，我感受到了作为一名教师的幸福。

故事 29：小干部诞生记

文 / 韩梅（北京市海淀区五一小学）

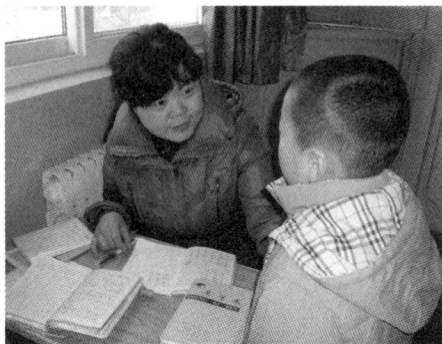

本学期，我接了三年级的一个班。刚开学的一天，两个孩子来找我，不高兴地说："老师，小Z是我们的朋友，自从当了体委，和我们玩的时候也总是命令的口气，还总指挥我们帮他做事情。"他们说的小Z是我们班的"考察期体委"，您可能要问："怎么是考察期体委呢？"其实那时我们班除了考察期体委，还有"考察期班长"、"考察期学习委员"……谈到这些名字还要从开学后的小干部改选说起。

开学后，面临一个月后的小干部改选我们召开了班会，班会上孩子们都跃跃欲试，希望自己能够当选。有的孩子说："老师，我有当小干部的经验，一定能把工作做好。"有的孩子说："我会……特长，……很适合我当。"……听了孩子们的表白，我没有急于发言，把机会让给了全班同学，让他们来说说自己心中的小干部是什么样的。他们有的说"学习要出色"，有的说："要勇于承担责任"，有的说："能管得住人"……听了他们的发言我笑着说："那好，看来每个同学心中都有一把衡量小干部标准的尺子，到底应该如何做，光动嘴说是远远不够的，咱们还要在具体岗位中去锻炼和摸索方法。现在离学校的小干部改选工作还有一段时间，请你们开动脑筋想想咱们怎样才能评选出最适合的人选。"通过孩子们交流讨论，最后我们班确定要利用这一个月的时间进行评选小干部的系列活动：自选岗位、争星评比—竞选演说—投票确定人选。按照全班确定的方案小干部评选活动在孩子们的热情中拉开了帷幕。

　　我先公布了班级中的小干部岗位，让孩子们自主选择适合自己的工作岗位。岗位有了，负责人固定了，就进入了考察期。为期一个月的考察期既是选拔期，也是小干部的培养期。第一周，我一一指导每个孩子选择好属于自己的"岗位"，岗位选定了，但有的孩子却不知道去如何履行自己的职责，我们班处于考察期的卫生委员小A就是其中之一，每天值日时都很勤快，帮着每个组搞卫生，自己累得满头大汗，但班里的卫生还是做不干净，我看到这样的情况先大力表扬了小A值日时不怕脏不怕累，然后和他交流了卫生做不好的原因，他知道了怎样分配任务，怎样检查值日了，班里的卫生情况也越来越好。就这样在考察期的第一周我手把手地教每个孩子在自己喜欢的岗位上应该做什么和怎么做，孩子们在学习与交流中掌握了"工作技巧"。第二周，我开始利用点滴时间在全班学生面前表扬和鼓励做得好的同学，帮助他们树立信心，也激励全班同学继续努力。第三周，我每天利用放学前的几分钟让孩子们说说他们发现的身边优秀小干部的事迹。

　　现在您知道"考察期小干部"是怎么回事了吧。在这三周岗位考察期当中，出现了不止一个像文章开头那样的小插曲，那个插曲中的小Z体育好，嗓子亮，自告奋勇担当了考察期的体育委员，看谁在队里站不好，立即指出，同学们都挺"服"他的。但面对同伴在他身上发现的问题，我和小Z交流了"小干部和同学相处时用命令的口气好不好"，小Z自己想到了：这样肯定不好，小干部要更好地为大家服务，自己平时也要注意如何与同伴相处。通过对这一件件小事的思考和解决，孩子们的评价标准在无形中发生着变化，"服务他人"渐渐跃居小干部标准的首位，孩子们明白了小干部不是"管人"的，也不是"发号施令"的，是怀着一颗服务于他人的热心，利用自己更多的时间和精力为大家做事情。伴随着岗位考察，我们的争星评比活动也在进行着，同学们通过自己各项表现结合"五一幸福星光册"积极地争取着每一颗星星。

　　孩子们根据前几周担任小干部的体会和总结出的"任职经验"，撰写了自己充满热情的演讲词，每个人在限定时间内进行竞选演说并且"亮星"展示自己在各个方面取得的成绩，以这两项为标准，孩子们用心中的那把评价标尺进行了衡量，之后进行了投票选举，从而我们三16班"新一任小干部"诞生了。

在小干部诞生的整个过程中，我这个"配角"看着他们的行动和变化，心中一直在为他们的成长"叫好"，是孩子们自己利用契机在自己组织设计的系列化教育活动中促进着自己的成长，在活动中孩子们明白了小干部最核心的要素是"服务大家"。

故事30：雁之队

文/孙雪艳（北京市海淀区五一小学）

班中有这样一个男孩子，长长的睫毛，大大的眼睛，初次见过他的人都会喜欢他，大家都亲切地叫他"泽儿"。泽儿也确实有招人喜欢的地方，课外知识丰富，思维敏捷。但接触久了，很多老师都不能接受他，因为他不能接受批评，从不承认自己有错误。表扬了别人，他受不了，认为是在贬低他。为一点小事就发脾气，发起脾气来不管不顾，更甚还拿跳楼威胁。对于他人的说教过后就忘，错误仍照犯不误。

"您凭什么不让我领唱，我比某某同学唱得好。"听，泽儿又和我理论上了。"谁说你比某某同学唱得好？""咱班同学都说了。"我心平气和地说："应该是音乐老师最有发言权。""我不管，反正就得让我领唱。"这时，我语重心长地给泽儿讲老师选领唱的原因，为了班级的荣誉我们会选唱的最好的领唱，你有你的优势，后边的一个活动你就是主角。谁承想泽儿大声地说："我不要后边的机会，我就要当领唱。"我故作神秘轻声问道："不要后边的机会，你说的？"他扑哧一下笑了，我要后边的机会。一场风波就这样暂时告了一个段落。课后我特意把他叫到办公室，安排泽儿负责制作班会活动的PPT。他听后非常高兴。看，这就是泽儿，什么事都得让他干，不合他的心意就和你大吵大闹，不过对于我来说已经习惯了。一周后的一个中午，我又询问他负责的那个活动情况，并给了他相关的建议。这时泽儿既要负责班的PPT制作，又有组内的任务，的确很是忙碌。在检查他们组活动时，轮到泽儿了，他居然说不知道这个任务是他的，很快遭到了组里同学的批评，他又开始和同学吵了起来。我看他听不进同学的话，走过去问他："现在知道这活是你的了吗？你干还是不干？"他说："干。"我说："既然答应了就要好好干，不能只凭一时的热情虎头蛇尾，这个工作还是你的，记住了吗？"于是我又针对泽儿以前做的PPT提出了修改意见。放学后，泽儿一直在教室按照我的建议认真修改PPT。在后来的班会上，泽儿的PPT制作的非常完美，得到了参会老师的集体赞扬。他自己也很开心。

活动虽然结束了，但对泽儿的教育并没有结束，班会后，我让泽儿说说班会成功之处，他首先说课件制作得好，我点头予以肯定，他又说是全班同学和老师共同努力的结果。这时我拍拍他的肩膀说："这两个顺序调一下更好"，他听后挠了挠头，不好意思地笑了。我又语重心长地对他说："班中的每名同学都有自己的优点，各项活动我们都要充分发挥自己的优势，能当红花时要尽情绽放，甘当绿叶时也要默默衬托。这就像雁群，只有在每次活动中让最优秀的学生担当领头雁，我们的集体才会飞得更快、更高。"泽儿听了我的话，似乎明白了很多，若有所思地点了点头。

泽儿只是班中35名学生中的一个，35个孩子每个人都很有个性。开学初，我就根据学生的特点，采用自愿结合和老师指定的方法，全班35名同学结成了17个互助组。互助组成立后，每个小组都为自己的组起了名字并制订了本组的格言，有的叫"蜂鸟队"，有的叫"超越梦想一起飞"，有的叫"前进队"，有的叫"超级组合"。每一个名字都有着它特殊的含义，组内的格言更能看出孩子们的热情。有的组的格言是：没有最好，只有更好；有的组的格言是勇往直前，永不止步；有的组的格言是：严于律己，宽以待人；有的组格言是：团结协作，不耻下问；这些格言都是孩子自己随性写下的，但是却都能反映出每组学生的特点，他们把自己组的目标当成了自己组的格言。看来孩子们对"团结互助 共同提高"的班级特色建设兴趣很高。

了解了每名学生的特点，我就创造各种机会，力争让每名学生都能有成功的体验，帮他们树立自信。结合班级的读书计划，请平时学习不出色，但做事认真的同学当管理员，他们每天整理图书，认真记录图书借阅情况，在班级中找到了自己的位置。结合读书计划，请有绘画特长的同学设计读书卡，让他发现班级需要他。结合读书计划，开展朗读比赛，读书卡的记录，让孩子们有了展示自己的机会。学校召开春季运动会，孩子们出谋划策，入场式的队形变换没出一点差错，让孩子体验了团结一致的力量。运动会上，不能参加项目的同学积极投稿，都争着抢着为班级出力。看着班级一天天的变化，我感到由衷的欣慰。

在雁群中，领头雁的作用不能忽视。因此，我更重视小干部的培养，给工作时，从简单的工作开始，逐渐培养干部的能力和层次。如负责早自习的学习委员，刚开始我基本和他一起到教室，帮助他组织同学，告诉他遇到这种情况该怎么做。虽然刚开始遇到一些困难，不过不能着急，因为我看到他们的能力在一点点提高。

班中的大事小情，因为有明确的干部分工，我会根据工作的难易来安排是否让学生独立来做。这样也让老师从繁重的琐事中解脱出来，既锻炼了孩子又解放了自己，当然这需要一个过程。在这个过程中，作为老师只要发挥好主导地位，班中的工作就会有条不紊地在既定的轨道上前进。开学初的板报，我只在布置前和班委开了会，把板报的主题帮助确定下来，听了听他们的各板块的内容，就放手让孩子们去做了。真的没想到，孩子们的板报从设计到内容都出乎我的意料。让我看到了班干部的成长。

在班级文化建设的引领下，一只雁队正在起飞，相互埋怨得少了，互相帮助的多了。班级文化就像一张无形的网，把班中的孩子牢牢地拴在了一起。在班级文化建设的过程中，我非常高兴地看到了这些孩子的不凡表现。新的雁群正在形成。但在飞行中我知道他们难免会遇到这样那样的困难，但我相信他们一定能飞到自己的既定目标。

【专家点评】

班级文化的力量

北京师范大学教育学部 班建武（博士）

文化作为指导人们如何行为处事的价值原则和标准，它对于人的影响方式是潜移默化的，而其影响结果却是深远且持久的。在很大程度上，一个人如何行为处事，就取决于他所生活的文化氛围。从这个角度看，任何忽视学校文化、班级文化建设的教育活动，都是不完整的。

对于学生而言，他每天生活的空间，主要就是在班级当中。班级的文化状况，在很大程度上就决定了他学校教育生活的质量。因此，建设良好的班级文化，对学生的成长和发展意义重大。

一、班级文化建设的着力点在于良好班集体的形成

检验班级文化的最直观和有效的办法是看看这个班级是否形成了一个真正意义上的班集体。班级更多地是一个物理空间的概念，有班级不一定有集体。集体形成最重要的标志就在于集体成员之间是否有一种超越于制度、规范基础之上的情感归属，即集体中的每个成员能够建立起一种超血缘的兄弟姐妹关系。从这个意义上，所谓集体，在很大程度上就意味着它不仅是一个大家共同学习和生活的地方，更意味着它是彼此心灵的港湾，是一个家。"家"是班级文化建设的最终价值目标所在，尤其是对于低学段的小学生而言，"家"层面上的班集体，更是其从小家中走出来，在更广泛的空间中发展和形成良好社会品性的重要载体。因此，如何建设一个带有"家"意味的班集体，是班级文化建设的重要目标。书中"温暖的家园"、"六一节的蛋糕"、"雁之队"、"书香班级"等案例，都是从不同的角度向我们生动展示了如何围绕着"家"这个温暖的主题所进行的有益探索。从这些案例我们

可以发现，它们的可取之处就在于提取了有关"家"的核心价值如关怀、包容、分享、感恩等，来进行相应的班级文化建设。这些应该也是我们思考如何在小学班级开展文化建设所必须考虑的重要项目。

二、班级文化建设的重点在于班级精神的确立

虽然班级文化建设很重要，但是，如何建设却是现实教育实践的一个难题。文化不仅仅是物质和制度的建设，更根本的是精神的建设。而精神的建设绝不是靠外力量就可以建立起来，它需要的是来自生活于这一共同物理空间的所有成员的内在认可。而要达到这一目标，一个非常重要的前提条件就是要充分发挥学生在班级文化建设方面的主动性和创造性。只有让学生意识到他们都是班级的主人，他们才会对与之相关的管理和制度有内在的认同，从而也才能保证班级文化的合法性。在这方面，本章所呈现的一些有意思的案例，给我们生动地展示了如何构建班级精神文化的途径和方法。如"小干部诞生记"这个案例，它在班级文化建设方面的最成功之处就在于注重发挥学生的内在主动性，让学生在参与班级管理与服务中不断体会作为班级一员所应具有的班级凝聚力和向心力。其实，让学生主动参与班级管理不仅仅是一种管理行为和服务行为，其本身就蕴含了重要的教育功能，对于培养学生公共意识和公共参与能力具有非常重要的作用。从这个角度而言，班级精神得以确立的有效前提就是开展有效的学生自治。这既是现实教育发展的需要，更是时代发展的要求，是培养积极公民的重要路径。当前，在以学生自治为载体形成班级文化精神的过程中，要考虑学生的实际情况。总体而言，学生尚处于未成年人阶段，他们所谓的自治带有很强的学习意味在里面，这就需要教师在这个过程中给予必要的指导和帮助。

三、班级文化建设的难点在于学生的情感抵制

虽然教师也是班级成员的重要组成，但是，班级归根结底是学生的。因此，在班级文化建设中，怎样能够确保在教师引导下所建设起来的班级文化符合学生的实际情况，得到学生认可就是班级文化建设必须突破的一个关键点。我们在现实的班级文化中，经常能够看到的一个情况是，教师在班级

文化上非常投入，但是，学生似乎并不买账。这其中一个关键性的问题是，如果班级文化是一种忽视学生需要的给予性的外在文化的话，那么，这种文化建设得再精巧，它也很难得到学生的肯定。没有学生的关注和肯定，这种所谓的班级文化就是一种死的文化。因此，要想使班级文化活起来，就不得不关注学生的真实文化需要。在这方面，了解和利用学生自身的文化资源就显得非常重要。在"从偶像到榜样"这篇案例中，我们看到了一种运用学生文化来建设班级文化的有益尝试。在这个案例中，教师并不是简单的否定学生的偶像崇拜，而是从学生的立场出发，将学生的偶像文化成功地转变成学校宝贵的榜样文化。这其中的奥妙之处就在于用学生喜闻乐见的东西来教育学生，它一方面可以拉近学生与教育者的距离，另一方面也最大限度地减少了对教师直接正面教育的逆反心理。同样，"两把墩布"这个案例也巧妙地利用了学生拟人化思维的特点开展了有益的教育，也取得了很好的效果。因此，在班级文化建设中，要善于从学生已有的文化生活中挖掘适合学校班级和学生发展的积极文化因子，将其纳入到已有的班级文化建设当中，这就会大大增加班级文化对学生的吸引力。

四、班级文化建设的支撑点在于有效的家校互动

班级文化虽然立足于班级，但是，如果没有看到班级作为社会系统的有机环节，没有看到班级发展的社会条件，那么，这样的班级建设是很难获得良好的社会支持的。对于班级而言，最直接的社会支持组织无疑就是家庭。一个班级文化建设能否发挥和调动广大家长参与的积极性，将在很大程度上影响这一班级文化建设的品质，甚至会影响班级文化得以有效推进的程度。因此，在班级文化建设方面，取得家长的理解、认同，是搞好班级文化建设的重要条件保证。"好书伴成长"、"魔力'班话'"所体现出来的班级文化建设理念，就是对家校合作的高度重视。在这两个案例中，它们一个共同的特点是将班级管理的理念、先进的教育观念等内容，通过有效的途径及时传递给家长，使家长在了解班级的基础上不断改变和提高自身的教育素养，这无疑将反过来促进学校、班级教育的健康发展。因此，教师在开展班级文化建设的过程中，不能仅仅将目光盯在有限的班级空间中，要能够创设巧妙的途径将家长也发动起来，使他们成为班级文化建设一支重要力量。

　　班级文化建设法无定法，关键是要秉持正确的教育理念，具有专业的教育素养和积极投入的敬业精神。每位老师应该能够根据自己班级的实际情况，建设出自己独特而富有活力的班级文化。

第四章　幸福生长

——教育机智的故事

　　教育情境是不断变化的，因为学生在变，教师在变，气氛在变，时间在变。换言之，教师不断面临挑战，这些挑战可能来自外部也可能来自教育者和被教育者，可能是好奇却远离目的的提问，也可能是非善意的挑剔，或是中断教育活动的纪律事件等。总之，这些挑战造成的干扰往往会形成尴尬局面，打乱正常的教学秩序。在这种情况下，教师若能用一两句话，一两个动作或活动排解开，就会变不利为有利，取得更为理想的教育效果。

故事31：《论语》成了灭火剂

文／郭刃（北京市海淀区五一小学）

　　宋朝的宰相赵普，半部《论语》治天下，我决定和孩子们一起读这部书。《论语》是记录孔子及其弟子言行的一部书，共二十篇，由孔子的弟子及再传弟子编写，是我国儒家经典著作之一，这本书中有许多言论至今仍被世人视为至理。　作为一部优秀的语录体文集，它以言简意赅、含蓄隽永的语言，记述了孔子的言论。《论语》中所记孔子循循善诱的教诲之言，或简单应答，点到即止；或启发论辩，侃侃而谈；富于变化，娓娓动人。

　　《论语》其中包含了许多为人处世的道理，我带领孩子们，采取循环读书的方法，每天温故而知新，偶尔讲讲孔子和得意弟子颜回、子张、子贡之间的有趣故事，讲讲重点语句的意思，现在已经读完整本书了。反复诵读后，学生能背出很多章节，逐渐将《论语》的内容烂熟于心，而通过每天早晨的阅读，学生渐渐了解到了《论语》的精华，甚至有些同学的急脾气在《论语》的陶冶下温和了许多。

　　学以致用，最有趣的是我还能用《论语》中的内容管理教育学生。上课时，有个别同学随便说话，我马上说出："'见贤思齐，见不贤而内自省也。'你旁边的同学就是你的榜样，你要想办法和他看齐，看到不好的，要想一想你有没有这样的错误。"排队时，有一个同学多次出队，"不贰过"我会脱口而出，你不能两次犯同样的错误。上管理班时，有的学生写完作业，散漫说话，我会说："以约，失之者鲜矣！"严格约束自己，犯错误的人是很少的。经过这样的教育，同学们也按照书上讲的内容约束、规范自己的言行。对待父母，"事父母，能竭其力"；对待老师，"有事，弟子服其劳，有酒食，先生馔"；对待同学，"与朋友交，言而有信"；对待学习，"敏而好学，不耻下问"。我还和孩子们一起用创编游戏，争石头、剪子、布，输的同学背诵《论语》。哈哈，读书让孩子们在不知不觉中学会了自我管理。

最让我记忆犹新的是《论语》居然当了一回灭火剂，请看——

"老师，您得说说这个戴眼镜的孩子了！他把剩饭菜倒进我装饭盒盖的箱子里了，昨天就是他……"中午我正吃着饭，一抬头看见送配餐的阿姨来状告小卓。小卓一脸无辜："老师，那个箱子里已经有同学倒饭了，又不是我第一个倒的，凭什么说我？""我们辛辛苦苦地把餐盒整理好的，他老这么乱倒，我们这活儿没法干了！"阿姨继续点火后，生气地走了。

我平静地坐在椅子上说："小卓，你是不是今天倒饭倒错地方了？把剩饭倒进了装饭盒盖的箱子里了，而把空饭盒扔进剩菜剩饭的箱子里了！""是，可我前边有人倒，她干嘛不说别人呀，我明天不交饭费了！"小卓火气未消，说完眼睛还出了"汗"。我轻言细语："孩子，你听郭老师说，今天这件事你把饭菜和饭盒放错位置了，你是不是错了？错了就要勇于承担责任，不能因为别人错了，没有受到阿姨批评，你就可以犯错误，这没有因果关系。我告诉你，这件事你完全可以用另外一种方式解决。听，老师教你怎么说。"小卓这时也平静了下来，耷拉着脑袋，用湿湿的眼睛看着我。"你可以说，阿姨，我不小心把饭盒和剩菜倒错了，给您添麻烦了，对不起。我帮您收拾一下吧！你这么说阿姨就不会生气了，她会因你真诚的道歉而消气。勇于认错，才是真正的男子汉，咱们上学期读的《论语》中不是说得很清楚吗？'过而不改，是谓过也'，犯了错误不改，才是真正的过错！"小卓点点头，燃烧的怒火已经熄灭了。"如果你说：'凭什么说我不说别人呀？我又不是第一个倒的！'阿姨会更生气，这就是一句话的力量。而你对待错误的态度决定你的语言。你去试着给阿姨道个歉，她一定会原谅你的。"小卓摘下眼镜，用手背擦去了泪滴，显然他被我说通了。他去道歉了。一会儿他回来破涕为笑说："老师，我和阿姨说了，阿姨原谅了我！"看到自己的教育起了效果，我接着拿起筷子吃着那已经变凉的饭菜，但心里暖暖的，我感慨：《论语》居然当了一回灭火剂。

我从教22年，一直坚持带领孩子们读书，古今中外名家名篇，包罗万象。走进作者的心灵，聆听做人道理，笑看古今变迁，体验人间真情，学习孝礼美德。毛泽东说："洋为中用，古为今用"，作为教师，要引导孩子们真正把书读进去，真正为孩子的健康成长、一生幸福奠基！

故事 32："花儿"与"凶猛"

文/李莉（北京市海淀区五一小学）

教了十几年的书，说到对学生的认识，我总觉得自己做得很不够，因为学生总是给我带来震撼！

一年级下学期的第一节数学课，考虑到小朋友们歇了一个假期之后第一天上课，聚精会神的状态不会太持久，所以压缩新知的讲解时间，安排了一些合适的练习。对于平时接受能力较弱的同学，我就利用其他同学完成练习的时间，把重要的知识点又给他们重复讲解了一次，然后叮嘱他们回家后和家长合作，用游戏的方式进行练习。整节课在愉悦的气氛中结束。

下课后，我正收拾东西准备离开教室，就听班里一名叫阿凯的同学说："李老师上品德与生活课的时候像换了一个人似的。"我同时担任这个班的两个学科——品德与生活和数学，听他口出此言，就急忙叫住他问："李老师上品生课的时候什么样，上数学课的时候又是什么样啊？""上数学课，有时我们回答不出来问题，您很凶猛；上品生课就没有，您总是像朵花似的。"

我惊愕，他为什么会有这番言论？

"上品生课像朵花"的意思应该是说我态度比较和蔼吧，至于是不是温柔到"像朵花"的程度，我真没感觉。较之品生课，数学课是我执教时间更长、更为专业的学科。每节课的教学目标、教学环节，以及学生可能会出现的困难，我都了然于胸，因此，课堂上的安排更紧凑，对学生的把控也更得心应手。关键时总是把走神的学生叫起来回答问题，以提醒其专心听讲，不至于漏了该掌握的知识点。对于被叫起来不知所以的孩子，免不了瞪上一眼，说上两句，难道这就是他说的"数学课上的凶猛"？

孩子雷人的话语猛然惊醒了我——学生在课堂上学习时，他们关注的不仅仅是老师希望他们应该专注的——知识。是带着极强的个体感受和个体情绪参与其中的！而个体感受与个体情绪是影响学习效果的主要因素，尤其是对于年龄较小的低年级学生来说更是如此！

我忽然领悟到"学生是学习的主体"这句话的深层含义！

上课时我全部的注意力都放在如何上好课，学生们接受知识的情况怎么样，知识点是不是都讲到位了，还有没有学生有疑惑……虽然，新课改通过多种途径强调要改变教师观和学生观，但潜意识中我仍然侧重于"教师的教"，尤其是面对好像什么都不懂、刚入学的一年级孩子！

之后的课堂，我努力逐步改变自己：学生出现违规的行为时，我不再只是简单的处理，而是有时用眼神暗示，有时用夸张的声调提醒，有时适当重复刚教过的内容，有时用风趣的语言吸引走神的学生。这样做不但维持了课堂教学的顺利进行，使学生思维连贯，同时为创造愉悦的课堂气氛起到积极的作用。我改变以往只关注知识教学的做法，同时还关注学生学习的状态。学生在良好的情绪状态下学习时，表现欲强，注意力高度集中，反应灵活，解决问题迅速，积极与老师通过表情、言语、肢体语言等不同方式不断互动，学习的效率大大提高。学生良好的状态又给我带来了愉悦和激情，我们的课堂在良性循环中逐渐走向高效和谐的境界。

虽然数学课每天都在上，但不同的课堂学习经历，对低年级孩子的后续学习有着重大影响。在良好的课堂氛围中，学生一直保持良好的学习状态，有助于从短暂的兴趣型学习到长久的一直型的转变。反之，如果学生处于不良的情绪中时，会对学生的学习能力提升产生阻力，对智力的正常发挥产生抑制。若持续这样情绪体验，没有成功需要的满足感，使原本智力发展正常的学生也会逐渐出现偏差，反应滞后，甚至产生厌学情绪。

我想：在自己的课堂上激发并保持学生对数学学习的兴趣，不正是我一直追求的目标吗？作为教师，起码不能使课堂成为学生厌学的理由。

孩子的话也让我猛然醒悟：老师同时也是学生观察研究的对象。

课堂上的老师是学生观察评论的对象，虽然他平时少有机会表达，但脱口而出的话语恰恰反映了他真实的想法。那么，教师不妨主动转换自我的角色，改变以往教师在课堂中的自我定位，有意识地把自己作为被研究对象，为研究者——学生，多提供一些可研究的素材，让学生在研究中领悟学习，从而达到学校教育的目的。

故事33：撕书风波

文/史秀燕（北京市海淀区五一小学）

墨墨长着一张圆圆的脸，胖乎乎的很可爱，可他发起脾气来，九头牛也拉不回来。

一次上语文课，检查读书情况，墨墨读课文读得结结巴巴，有很多简单的字也读错了，惹得几个同学“扑哧”笑出声来。这一下他的脸色马上变了，嘴噘起来，眼瞪着同学。我一看，知道他要犯脾气，急忙叫他坐下，叫另一个学生读，想缓和他的情绪，没想到，他坐下后，拿起语文书“嗤嗤”几下给撕了。而且一边撕，一边哭，声音很大。同学们顿时愣住了，四十多双眼睛都集中在他身上。我一看火冒三丈，这个学生太不像话了！刚想大声呵斥，看到同学们都在看着我，好像说：老师，还上课吗？我意识到这样做肯定会和墨墨顶撞起来，这堂课就上不了。权衡利弊得失，理智占了上风，要冷静！刚到嘴边的话又咽了回去，这时的心情反而平静了。我对同学们说：“大家看到了，墨墨撕书，这首先就是不爱护工人叔叔的劳动，其次是生气把书撕了，以后上语文课怎么办呢？让他好好想一想，咱们大家继续上课吧！”同学们松了一口气，又继续上课，大家认真读书，并分组讨论问题，这堂课上的格外好。墨墨的哭声越来越小，最后不哭了，手拿着破碎的书发愣。

下课后，我叫墨墨拿着破书到办公室来，他余气未消，扬着头，我问他话他不理我。我望着他撕破的书，应该怎样更好地帮助墨墨认识到自己的问题，同时也让全班同学受到教育呢？决定召开一次“我怎样看待这件事”的班会。会上同学们纷纷踊跃发言，有的说：“墨墨不顾当时正在上课，大发脾气，本来是他平时不认真读书，才读得不好，却把气撒在我们身上，太霸道了。"还有的说："墨墨发脾气影响我们上课，史老师当时没有处理，否则这堂课就白白耽误，什么知识也不能学了。"还有的同学做了自我批评，不该在课上笑话墨墨。而这时的墨墨则低着头，认真地听着。想当初他犯脾气时扬着头沉着脸的样子到现在低着头认真听，说明他的思想正在转变。最后，墨墨也红着脸站了起来，检查自己的错误，并表示以后要改。同学们对墨墨的话报以热烈的掌声。当天下午，组内有几位同学立即主动地帮助他，用胶条把撕碎的书粘好。

会后，我回忆起同学们发自肺腑的话语，感慨万分，庆幸自己在事情发生时，及时控制了自己的感情，冷静地处理问题，避免了一场冲突。宽容是一种心态，对犯错的学生要理智、冷静，要学会"热"问题冷处理，既要严格要求、对学生负责，又不能感情用事，宽容也是一种无声的教育，力量超出我们的想象。

其实，对孩子来说，需要我们给予更多的耐心和宽容。

故事 34：我和学生谈谈"爱"

文 / 贾京洪（北京市海淀区五一小学）

一天中午，孩子们吃完饭，正在各自休息，值日生在忙着做值日。忽然，小宇同学交给我一张纸条，上边赫然写着三个字——"我爱你"。

我"扑哧"一声笑了，这是哪个孩子写的？我不动声色地问学生，纸条是谁写的？几个学生说好像是小泽扔过来的。小泽？在我心里，他只是一个傻玩、傻闹、淘气、幼稚的男孩子呀！看来，我一直忽视了他内心的情感。先问问他喜欢谁再说，说真的，我也挺好奇的。

令我没想到的是，我一找到他，他就全"招"了，比哪次承认错误都痛快。只是在刚刚问他时有一点点脸红，后来一看我表现得很自然，也就无所顾忌了。原来他喜欢的是他的同桌，觉得人家长得很漂亮，就给人家写了张纸条，人家正听课呢，看都没看就给他扔回来了。他想把纸条扔进垃圾筐，结果被同学交给了老师。真是一个傻得可爱的孩子，他坐在第四桌，纸条怎么能扔进垃圾筐呢？我不觉暗笑。

"你觉得她和你妈妈谁更漂亮？"我突然问他。他一愣，想了半天，说："还是我妈妈漂亮！""那你对妈妈说过，爱你妈妈吗？""没有。"他低着头说。"如果你对妈妈表达你的爱，妈妈会很高兴的。同学之间，如果喜欢，可以一起玩或互相帮助就可以了，没有必要写纸条，知道吗？"知道了！"我看着他那可爱的样子真想笑，"今天回家把纸条给妈妈，告诉妈妈你爱她好吗？""好的！"小泽痛快地答应着。

　　本来以为事情就这样结束了，下午的管理班，我想起应该强调一下这件事，主要目的是告诉孩子们，不要总是写纸条，同学之间有啥事情，大大方方地交流，多好！可是，当我一提起纸条的事，就有学生看小泽，还偷偷地笑。我忽然间意识到，这一个个看似幼稚的小人儿，脑子里其实还是蛮"复杂"的。哎，也是呀，孩子们从影视作品、动画作品中看到了太多"爱"的镜头，"爱"这个词，已是见怪不怪了。我想：面对如此博杂的信息社会，有些事情如果缺乏正面引导，孩子们很可能就会形成不正确的观念。所以，与其让学生无师自通，不如解放教育思想，光明正大地谈谈"爱"。孩子有了一定的辨别力，又有老师的正面引导，这种变堵为疏的及时解放，一定能让孩子从各个层面了解人类丰富的情感。

　　于是，我郑重其事地说，利用这个时间，咱们一起来聊聊"爱"吧！听到我的话，孩子们有的笑出了声，有的一愣，露出纳闷的表情。我接着说，谁先来说说，"爱"有多少种？孩子们兴奋起来，跃跃欲试，都想说一说。通过他们的回答，我们总结出来，爱的含义很丰富，其中有亲人之间的爱，是亲情，就像父爱、母爱，这是一种非常伟大的爱，爸爸、妈妈会为了孩子牺牲一切；朋友之间的爱，是友情，这是学生时代最应该好好珍惜的爱；夫妻或即将结婚的大人之间的爱，是爱情，就像你们的妈妈和爸爸，这是一种非常高尚、美好而且神圣的爱，但是只有当你真正长大成人的时候才能体会到；对毛主席等伟大人物的爱，可以解释为崇敬；对在身边学习、工作非常出色的同学、同事的爱，叫做欣赏，每个人都该学会欣赏别人。如果因为一个人漂亮而爱她是属于哪种爱呢？是欣赏。因为爱美之心人皆有之，每一个人都应该学会美，能够欣赏美，将来才可以创造美。

　　不知道孩子们到底可以听懂多少，但从孩子们认真、投入的表情中，我体会到，这番"演讲"，至少可以让孩子们在目前的阶段，不会再为谁而"爱来爱去"了！哈哈，可谓"初战告捷"！

　　亚里士多德曾问他的学生：如何使一块肥沃的土地不长杂草？答案是：方法只有一个——种上庄稼。同样，要让学生的心灵洁净，情操美好，唯一的方法就是——用美德去占领它！仔细想想，"爱"不是一种随意而为的事情，它需要投入人的灵魂，作为教师，我真的应该尝试着将"爱"的严肃、"爱"的圣洁、"爱"的美好等观念渐渐渗透进孩子们的心中。学生们一旦拥有并懂得了"爱"，也就承担起了尊重、友谊、责任、义务，也就会自然地表现出自我牺牲的精神和巨大的道德力量。

　　这让我不由得想到了我们五一小学的办学理念——为学生的幸福人生奠基！是啊，一个从小就懂得"爱"的含义的人，长大后，一定会把自己的一片爱心播撒给周围的每一个人，一定懂得用自己拥有的一切去报答养育他的社会，同时，也会因此而拥有自己幸福的人生！

故事 35：孩子请你信任我

文/马珊珊（北京市海淀区五一小学）

"红花本"制度已经在我班开展了近一年了。刚入学的一年级小孩子看待这红花本犹如珍宝一般。若是红花本能够盖满红花，那么学期结束时他将会带着赞扬和肯定满载而归。

一天，这神圣的"小印章"却不翼而飞了。丢失的小印章到底在哪呢？

三天后的傍晚，电话那边传来哭泣的声音，孩子支支吾吾地说："马老师，我错了，我错了，呜呜，小红花……"随后就已泣不成声了。仔细辨别声音原来是我们班的辰辰。接着辰辰母亲在电话一旁，声音低沉，开口显得有些难为情。我先发问："孩子最近表现挺好的，今儿孩子怎么了？"辰辰母亲才说："马老师，有这么一件事儿，我得先向您道歉，是我教育得不好。今天发现孩子的书包里有您的红花印章，孩子喜欢它，自己偷偷地拿回家了。我也狠狠地批评她了，也请您原谅孩子所做，别苛责孩子，她非常非常在意您。"

一听我就明白了，原来找不到的印章被辰辰拿走了。家长及时发现并主动告知我，并没有包庇自己的孩子。心中不禁感叹："多么明智的母亲！"我连忙对家长说："感谢家长能够把这件事告知我，您这样教育孩子的方法是值得大家学习的，孩子因为太在意老师给的荣誉了，喜欢好奇这个小印章是可以理解。孩子学习一直也非常认真、努力。这一次是可以谅解的。"我想为了避免这件事被其他同学发现，影响孩子的自尊心和将来的学习生活，我继续对家长说："这样吧，明天让孩子放学最后一个走，悄悄地把小印章放在自己的位桌斗，然后我再拿走。"家长听了，十分感激，"太谢谢您，孩子已经知道错误了，谢谢您的原谅。"

第二天放学后，很遗憾我却没有看见送回来的小印章。我连忙追过辰辰母亲的电话。母亲询问完孩子气愤地说："孩子不敢放在桌斗里，结果扔到了操场的垃圾桶里了。马老师，真是抱歉！这孩子……哎！"一听，家长也给孩子这一举动气坏了，我劝慰说："孩子还是怕被同学发现，自尊心在作怪，没关系，明天我跟孩子好好聊聊天。"

辰辰原本是非常乖巧、文静的女孩，发生这件事，孩子已经后悔不已了，这时的辰辰一定也是最彷徨最受打击的，让这件事尽快平息过去才是最好的方法，不要再让心灵的伤口再次疼痛。孩子，请你信任我，我是你最亲密的朋友，我会帮你保守秘密，我会拉着你的手告诉你，"小红花"插上了翅膀，飞去表现出色的同学那里啦！

"辰辰，做错事不怕，怕就怕你没有勇气承认错误，怕就怕你没有勇气承担这次挫折。勇敢面对这件事，昂起头来，改正错误，明天你还是马老师喜欢的孩子！"辰辰点点头，大眼睛直直地看着我。我又说："我是谁？""马老师"。"我还是谁？"辰辰微微笑了，说："马老师还是我的大朋友。"我也高兴地笑着说："对了，孩子！我是你的好朋友，你犯下的错误我会替你保密哦，并且还要帮助你改正呢！这个秘密就是你知我知，但是如果你还做出这样的蠢事，我可要生气了，你就会失去我这大朋友啊！相信你！不会离开我的！"辰辰努力地点点头，双手环住了我，连忙说："马老师，我想自己亲手用橡皮泥做个红花印章给您！"

学者说过："物质的阳光照在人的身上，只能一时温暖他们的肌肤，只有精神的太阳才能照亮他们心灵的深处，才能暖透他们一生一世。"教师就是那精神的太阳，照亮每一位孩子的心灵角落，让他们的世界明亮起来，快乐起来。教师的眼神、动作、言语都时时刻刻地影响着每一位学生，善意地对待他们所做的每一件事，包容孩子犯下的错误，感化他的心灵，让孩子接纳你，亲近你，只有他们感受到了爱，才会接受你。

孩子，请你信任我！

故事 36：幸运的小麻雀

文／王玉清（北京市海淀区五一小学）

刚刚收拾完上课的实验用具，回到办公室，暖瓶的水还没倒进水杯，这时，三年级的一名男同学就风风火火地闯进了我的办公室，手心里还托着一只小麻雀，"老师，我拣到一只小麻雀，它受伤了，飞不起来，怎么办？"我放下手里的暖瓶和水杯，接过他手里的小麻雀仔细检查起来。原来这是一只刚刚出生不久的小麻雀，身上没有什么伤，只是柔嫩的小翅膀被雨水打湿了，所以飞不起来，此刻，我好像感觉到它弱小的身体在瑟瑟发抖，可能是因为又冷又饿，也可能是害怕。我问这个小男孩，你觉得应该怎么办呢？他想了半天，也没想出来，最后说："我还是去跟伙伴们商量商量吧。"

一会儿，他回来了，身后跟着好几个伙伴，为了不影响其他老师办公，我和孩子们来到了科学教室，一进教室他们就争先恐后地发表着自己的见解。

"老师，现在外边下着雨，我们不能把它放出去，它会被雨淋病的，会发烧。"

"它太小了，在外边找不着食物会饿死的。"

"老师，我们决定把他养起来，等天气好了，再把它放出去。"

……

"你们为什么决定'收养'这只麻雀呢？"

"因为您告诉过我们，要爱护小动物。"

"因为小动物有生存的权利。"

"这只小麻雀太可怜了，我们要献出一份爱心。"

……

"那我们一直把它养起来，不放走行不行呢？"老师接着问道。

"不行！"

"大自然才是它的家。"

"在笼子里，小麻雀失去了自由，它会伤心的。"

……

是啊，"珍爱并善待周围环境中的自然事物，"这是小学《科学课程标准》明确提出了的具体要求，作为教师，我们的任务不仅仅是教书，还要育人，使孩子从小有一种积极的情感体验，学会关爱。

看着眼前的这些孩子，我不由想起曾经历过的一件事儿，一群孩子捉到一只麻雀，用一条绳子拴在麻雀的腿上，看到麻雀想展翅飞翔，飞到半空又落下来，只听到麻雀一阵阵凄厉鸣叫的声音，可这群孩子，他们却在大声地笑着、笑着……小麻雀在无助中悲惨地死去，小小的尸体也不得安宁，成为猫的美食。小猫撕扯着麻雀身上的羽毛，倒好像成为专门为孩子们表演的一场精彩的演出。每当回忆起这些，我的心里就在发抖……

试想，在幼小的心灵中孩子从小埋下"残忍"的种子，长大以后他们能够善待他人，与别人友好相处吗？每个孩子都有着一颗善良的心，作为一名教师，就要善于发现孩子身上的闪光点，加以正确的引导，让他们感受到世界充满爱，爱不是靠说出来的，而是要靠孩子们去感悟，从而唤醒沉睡在他们心灵深处的爱。孩子们稚嫩而朴素的话语深深地感染了我，震撼着我的心灵。说得多好呀！"小动物也有生存的权利"，"这只小麻雀太可怜了，我们要献出一份爱心。"在你一言，我一语的讨论中，孩子们感悟到了爱的真谛。面对着一张张可爱的小脸，我向他们深深地鞠了一个躬，深情地说道："这是一只幸运的小麻雀，遇到了你们这样一群朋友，我替这只小麻雀谢谢你们。"

相信有了这次的经历，拽着麻雀跑这样的惨景以后不会在这群孩子身上发生了，因为，他们真正懂得了关爱动物，成为一群有爱心、有责任心的孩子。

　　随后，孩子们用行动在实践着自己的诺言，经过精心照料，小麻雀身体恢复得很快，几天以后，一个晴朗的天气，我和孩子们一起专门为小麻雀举行了一个放飞仪式，小麻雀重新获得了自由。我想当小麻雀回归自然的那一刻，孩子们的内心世界也拥有了一片晴朗的天空。爱将伴随着孩子们一生的成长。

故事 37：羞涩的笑容

文 / 李海燕（北京市海淀区五一小学）

　　悦耳的《茉莉花》音乐响起来了，它告诉我该去给二年级十五班的学生上美术课了，按照进度应该上《茂密的花》这一课。这节课的内容学生很喜欢，所以准备得很充分，带着愉快心情伴着悠扬的乐曲，我走进了教室。

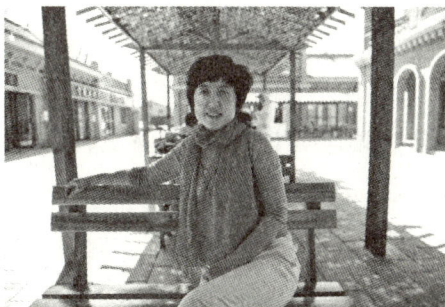

　　为了在第一时间紧紧抓住学生的心，开门见山让学生欣赏了我精心准备好的漂亮的花卉课件，每看一张学生都会不由自主地喊道："哇，好漂亮！"听到学生的阵阵惊呼，我心里美滋滋的，因为有了他们的惊呼，就说明我的课件做得非常棒，给学生带来了视觉上的冲击，深深地吸引住了学生的眼球，给学生带来了美的感受。

　　引领着学生欣赏不同品种的花卉，分别让学生说一说自己喜欢什么花，这种花带给自己什么感受。有的学生说："我很喜欢向日葵花，它的颜色漂亮，长得很高，站在花丛中像一个卫士，保护那些弱小的花"，还有的学生说喜欢牵牛花，因为它小小的弱弱的需要人们的爱护。之后让学生聆听了《德拉斯基进行曲》和《秋日私语》两支在音乐风格上截然不同乐曲。学生闭上眼睛，听着音乐想像自己眼前都是一些什么样的鲜花。分别是怎样长在花园之中的。以此来解决画面的主次关系、遮挡关系。

　　教学计划有条不紊的实施着。当我带领着学生分析到马蹄莲花的外形特点时，为了提高学生对花型的分析能力，一边在黑板上演示。这时一个非常淘气的小男孩乐乐高高地举起了手，我以为他又要提一些不着边的问题。正讲在兴头上的我根本就没有理会他，这种状态持续了一会，他再也按耐不住了，大声说："老师，我有问题，您讲错了。"我这火一下就冲到脑门上了，心想，真够烦的，又开始捣乱，质问道："哪错了？"乐乐理直气壮地说："我在书上看到过，马蹄莲外边白色的不是它的花，它叫'蒲包焰'，里面黄色的才是它雌雄一体的花。""谁告诉你的？"我毫无耐心地质问到，"老师，是书上写得，您要是不信，明天我可以把书拿来给您看。"乐乐理直气壮地说。

班里所有的学生都用肯定的眼神看着我，一名小干部站起来说："老师，您别理他，他是我们班的捣乱大王"。他旁边的几名学生也开始对他语言攻击。但是他始终用坚定的目光看着我，又看看其他学生对我信任的眼神，我不知如何是好。说实话从心底里还是不太相信他，就淡淡地说了一句等我查一下再说吧，就接着讲课了，这时我看见他的眼神之掠过了一丝失望与尴尬，嘴里一直嘟嘟囔囔的说着什么，一节课都没消停。当时看到那一丝失望让我的心头也荡起了一些涟漪，但是这些涟漪很快就被忙碌所淹没了。又是一个周二，又该有十五班的课了。一早就看见乐乐在我的办公室门口探头探脑的。

"乐乐，你干嘛呢？有什么事？"

"老师，上次马蹄莲花的资料您查到了吗？"

"你还真执著啊！"

"好吧，你先回去吧，我查好了告诉你"

乐乐马上表现出失望，磨磨蹭蹭地走了，他走了之后，我开始上网查找，结果真像乐乐说的那样。马蹄莲白色的"花瓣"真的不是它的花瓣，它叫蒲包焰，中间的黄色的才是它雌雄一体的花，看着这个答案，我的心里好似打翻的五味瓶，眼前又呈现出小男孩那丝失望的眼神，透过那眼神我看到了他那颗小小的心灵受到了来自老师的伤害。如果不是他及时地指出我的错误，我很可能会几十年如一日地将这错误讲下去，给一代又一代的学生传授着错误的知识。是这个孩子敢于质疑与执著的精神，让我发现了错误。到了十五班课的时候我郑重地请乐乐站到前面，向全班同学说明上节课他提出的知识点是正确的。并当着全班同学说他是一个爱看书的孩子，号召同学向他学习。由于平时受到的表扬比较少，他还不太习惯，所以笑得很羞涩，但是从他羞涩的笑容里我看到了被老师、同学肯定的欣喜与自豪。整整一节课他的脸上都带着笑容，一整节课他都没有淘气，而是在认真地画着画，虽然他画得还是不太好，但我相信他的心里有了一幅很美图的画，在不久的将来就会展现在画纸之上。

新课程改革的一个显著特征是为促进每个学生的发展，就是以学生为本，着眼于学生的全面发展，我们要充分信任每一名学生都具有学习的能力。在这个知识信息多元化的社会更要充分相信每一名学生都具有很大的潜力。现在的课堂不再是教师单方面的传授知识，学生学习知识的地方，而是一个信息交流平台。是一个教学相长的空间。在这个空间里，老师要不断地调整自己的主观思维模式，激发每一名学生的潜在机能，让每一名学生都在不同方面有自信，从而去影响修正不足之处。

作为一名教师我愿意在这个空间里与我的学生交换着彼此的学识，交换着彼此的快乐……

故事 38：一块巧克力的神奇

文/高然（北京市海淀区五一小学）

作为五一小学的老师，我们每个人都有一个"百宝囊"，那就是办公桌的抽屉。"百宝囊"里常常能看到这样的"宝物"：一袋糖果、几包小饼干、一打漂亮的贴画、崭新的文具等，这些都是我们为学生们准备的。谁有了进步，谁做了好事，谁在同学中受了委屈，或谁闹了一点小脾气，我们都会从"百宝囊"里拿出"宝物"，去奖励、去安慰、去抚平。

记得我教过的一个一年级的学生有过这样一件事情，让我更加深深地认识到它的作用。经过一段时间的精心准备，家长开放日如期举行了。看！教室被同学们打扫得干干净净。同学们也个个精神抖擞，准备把自己最好的一面展示给自己的家长。瞧！同学们坐得多精神，注视着黑板，一堂课就这样开始了。课堂上同学们积极思考，争先恐后地回答问题。这时，我发现小阳撅着嘴，没有一点精神，一看就是有了什么不高兴的事了。我走过去，轻轻地摸摸他的头，叫起他来，请他回答问题，而他却不理我，也不站起来，还生气地说："我不想回答问题！"我为了照顾他和他家长的情绪，也就没再叫他。可以看出来，他很不高兴，我也就没再理他，一节课就这样结束了。下课后，马上就要进行广播操展示了，看到他这样怎么行呢？本身他就是一个爱发脾气的孩子，只要没有满足他的心愿，就会不分场合的我行我素，如果我这时不能够马上解决，他可能在广播操展示时，会干出让人意想不到的事情，影响整个班级孩子们的表现。想到这，我抓紧这仅有的几分钟找到他，悄悄地问他为什么不高兴，一会儿广播操展示时，能不能好好做。他委屈地说："我不想让妈妈来参加家长会，一会儿不想去做操，我不高兴了，我生气了！"他一贯的表情出来了，怎么办？如果让他这样，后果会很难看，当着这么多家长的面，他大闹起来，可不得了。不仅我没有面子，也会让他的家长很为难。于是，我把他搂在怀里，轻轻地说："妈妈这么爱你，工作这么忙，来看你上课，和你参加做操，多好的妈妈啊！她非常的爱你！你怎么能让她伤心呢？"小阳这时不哭了。"你可以去做操了吗？"他却大声说："我不想做！"我又说："你为了我们班，也得做呀，我们班怎么能少了你呢？"可他还是一意孤行，就是不去。此时，我真有些着急了，外面那么多孩子在等着，那么多家长在看着，怎么办！突然，我看到办公桌上的一块非常漂亮的巧克力，马上有了主意。我说："我这有一块巧克力，好看吗？老师想送给你，因为你是一个特别爱集体的孩子，一会儿做操，肯定你做的特别棒！你要吗？"他一下笑了，说："我要。""现在可以做操了吗？"他说："可以。"拿着巧克力高高兴兴地就跑去站队了。我悬着的心放了下来。操场上，看着小阳认真做操的样子，我欣慰地笑了，心想：孩子就是孩子，如果我当时急了，狠狠地批评他一顿，会是什么后果呢？这件事过后，小阳的妈妈很是感动，问我用了什么办法使他的孩子在短时间内有如此的变化，还说，自己当时真不知道该怎样做了。我说："这仅仅是一块巧克力的功劳！"看到他妈妈惊讶的神情，我默默地笑了。表面上，确实是一块巧克力的作用，其实，这不是一块普通的巧克力，它是作为老师的一份耐心，它是源于对孩子的理解和尊重。

作为一名低年级的教师，教师要以真挚的情感和爱心去关心学生，爱护学生，尊重学生，才能赢得学生。要时时处处关心学生，动之以情，晓之以理，导之以行，用火热的心去温暖学生，使他们感受到温暖。苏霍姆林斯基曾经有个十分精彩的比喻："要像对待荷叶上的露珠一样，小心翼翼地保护学生幼小的心灵。"学生需要爱，爱像一团火，能点燃学生心头的希望之苗；爱像一把钥匙，能打开学生心头的智慧之门；爱是洒满学生心灵的阳光，能驱散每一片阴霾，照亮每一个角落，融化每一块寒冰。教师不光要有爱，而且要善于爱。做教师的，就要耐下心来做工作，小心呵护孩子们的幼小心灵，会起到事半功倍的作用。

故事 39：一米阳光

文/玉静（北京市海淀区五一小学）

爱可以是一米阳光，阳光虽小，但可以照亮心扉。我从事19年的美术教学教育工作，深知每个班级中都会有"特别"的孩子，今天我就将现在班级中一个学生在点滴关爱中成长的小故事写下来。

"你当老师，我当学生"

新学期伊始，他的大名如雷贯耳：

"这个学生习惯极差，打架骂人，上课爱捣乱……"

"他可是真没办法了，不仅学习习惯不好，还不诚实，经常动同学和老师的东西……"

"家长管不了这个孩子，无法与家长达成合力教育他……"

很快，他让我领教了他的本色。上课影响他人，不画画不带学具，就连"老师的多媒体电脑"，他也要弄出点事来。

古人语："精诚所至，金石为开。"只要全身心地付出真诚和关爱，我相信，世上没有感化不了的顽石。开学一周，第一次给他们班上美术课，我组织同学们在门口排好队准备进教室上课，突然有个男孩子蹦蹦跳跳地窜了过来，好像有点不耐烦了似的，我想估计大家说的鼎鼎大名的人物来了……接下来大家都坐好，我开始了讲课，"孩子们今天老师就带领你们走入这神秘的古城？"我手里拿着电脑遥控器很自然的按下了开始键，并转头观看。就在这时我惊讶地差点跳了起来，不对呀怎么出现的是一个电脑游戏的桌面呀？班里鸦雀无声，我再转过身去一看原来是那个男孩子站在了我的多媒体前正在操控着我的电脑，这一幕我快惊呆了，这可是我执教这么多年从未发生的事情，我怎么也没想到会有这样的孩子，胆子如此之大。我的怒火一下喷涌而出，就在这一瞬间，我深深地吸了一口气又缓缓地呼了出去，心里想，不要急，大声呵斥这样被说皮了的孩子肯定是没用的。我知道此时全班同学都在等着看我们俩怎么演这出戏呢！我突然想到了主意，转身很自然地走到他的座位上，不着急不着慌地说："看来今天玉老师可以休息了当一回学生，请新老师来给大家讲这一课吧。"本来还在专心看游戏的他，一听我这么一说，再抬头一看所有的人都在注视着他反而有点不好下场了，自己关了屏幕走下了多媒体讲台靠在我坐的凳子的桌边，慢吞吞地说："老师，你去讲课吧！""那你不讲了？"我起身走上了讲台继续讲课了，这一仗算是我赢了。下课时我又对他说了一句话："有机会老师一定让你给大家讲课。"他只偷偷地斜楞了我一眼什么都没说，就一溜烟儿地跑走了。

"你是个有正义感的孩子"

铃……上课了，美术剪纸课我给大家准备了各色的彩纸，我想孩子们喜欢什么颜色就可以自选，没想到这个班的另一个闹将偏偏把红颜色全作为己用，同组的同学都没的用了，这时他走了过去晴天霹雳地吼了一声："你把纸拿出来，是你们家的吗？"闹将张嘴就说："你管得着吗？也没用你的！""你拿这么多就不行！""我拿了又怎么招吧？"就这样你一言我一语的，我正在给其他同学讲作业，赶快转身对他说："你先坐回去，老师和他说，好吗？"他气哼哼地说："他这样就不行，"那个闹将一看给他告状了，气儿就不打一处来，冲着他就跑了过去，他一看要打他一扭身儿出教室往连廊跑了，我就听见教学处出来领导把他们叫住了，我的心才收了回来，回到教室继续上课了，快下课时，先后两个人回来了，我拍了拍他的肩膀对他说了："你是个有正义感的孩子，老师喜欢这样的男孩子。如果处理的更合理让他能老老实实的把东西交出来就更好了！"这一次我他看着我的眼睛回答了一个字："嗯。"他消失的背影让我感到了一股暖意。作为一名老师，要善于和问题学生沟通，给他们创建成长的环境，让阳光充满孩子的心田。

"改变"是不容易的事情，改变一个人更加的不容易，在他的生活中，我真切地看到了他在改变：开始画画了，有不会的地方，追着问我，直到会了为止，每次的作业都要问老师我能得优星吗？能放展板上展览吗？对于这样努力的孩子，我愿意给他足够展示的空间。上课发言了；主动倒垃圾了……当然在这其中会有不停的反复，我想这些都不重要，重要的是他在快乐地成长，这让我想到了"一米阳光"的传说：一辈子无法成就的永恒，或许在某一点便凝成；一辈子无法拥有的灿烂，或许只在那一米之内，一米阳光虽小，但能照亮心扉，关爱，让他拥有了灿烂的童年！

故事 40：一桩失窃案

文 / 徐海楠（北京市海淀区五一小学）

　　记得那是2011年9月开学不久的一天上午，班级里发生了失窃案。学生小L200元饭费不翼而飞，据说他是放在信封中，藏在铅笔盒底层的。下课时，他也没有离开过自己的座位。我当机立断，发动全班同学一起找，可是没有一点收获。此时的我别提有多着急，于是，我开始用我那火眼金睛扫视全班，只见学生小Z的神情很紧张，脸涨得通红，两眼瞪得大大的，一直盯着我看。我不动声色。联想到接班时，前任班主任跟我说过班级中曾发生过几次学生丢失钱物的事，但调查都没有结果。午餐后，我找个借口让他来到了办公室。

　　小Z是个男孩，今年8岁，少数民族，父母都是由甘肃人才引进到北京的教师，家中人口多，有爷爷、奶奶，去年还添了一个小弟弟。父母工作非常忙，对小Z关心较少，与学校的联系也较少。小Z天资聪颖，成绩优异，自理能力强，是老师的好帮手，同学的好榜样。

　　我把小Z找到办公室，从他家里的一些事情开始和他聊天。小Z低着头，一改他往日的活泼爽朗。我问他是不是有什么心事，老师很愿意帮助他。我还告诉他，小孩子犯错误是常有的事，只要改正就好 。沉默了许久，小Z才把事情原原本本地讲了出来。原来是小Z在课间趁小L做作业时，拿了他的钱，偷偷藏在自己颜料盒的夹层中。

　　我联想到班中以前的类似事件，又继续追问他。我答应只要他能说实话，改正缺点，老师一定替他保密。结果让我深深震撼，以前班里的几件失窃案居然全是小Z所为。

　　我陷入了沉思，是什么原因让这样一个"好"学生接二连三地发生这种行为呢？是他的品格问题，还是另有原因？在事后深入的了解中，我知道小Z父母从外地人才引进以后，举家迁入北京，两人不太高的收入既要买房，又要负担全家6口人的生活，家庭经济状况比较紧张，对孩子的物质生活相对来说比较苛刻。小Z从小城市来，大城市的一切特别是物质生活方面，对他产生了很大的诱惑，物质生活的需求剧增，但是，父母却没有办法满足他。他看到同龄人在物质生活方面拥有的一切自己都无法得到，觉得非常自卑。同时，还应该看到，从父母来到北京以后，小Z在家中是遭到忽视的。父母为了立业而整天奔忙，很少顾及他。因为有了小弟弟，他在家中的位置也产生了变化。无论是情感方面还是物质生活方面，都无法让小Z得到满足。情感上的饥渴与物质上膨胀的欲望，导致小Z产生了不应有的想法和做法，而一次偶然的得手，又使他接二连三地一错再错。我还了解到他父亲的教育方法有时也比较简单粗暴，因此孩子有了错误，回家也不敢跟家长说。

　　对这样的一个学生，如果轻率地把他的行为定位于偷窃，这是不客观的，而且，这很可能影响到孩子的自尊，使孩子一蹶不振，以至影响到孩子今后的发展。在他说出事情的全部真相以后，我表扬了他，勇于认错就是很大的进步，只要今后能改正，老师仍旧相信他。

　　对他的辅导我先从情感方面入手。首先是家庭教育的问题，我与家长进行了交流沟通，家长知道事情以后，非常气愤，也非常震惊。他们坦言在到北京以后，特别是小弟弟出生以后，小Z确实遭到了忽视，家长没有很好关心孩子，致使孩子发生这种情况，家长有不可推卸的责任。他们也承认教育方法有时也欠妥，比较简单粗暴，导致孩子一错再错。在以后的日子里，家长比较配合工作，注意经常和孩子交流沟通，及时了解孩子在学校的学习和生活情况，给孩子关心指导。同时，家长也适当给孩子一些零花钱，让孩子学会合理支配。

　　在学校，我经常与小Z进行交流，让他谈谈他的小弟弟，谈谈他们在甘肃的生活，谈谈他过去的伙伴。在交流中，了解孩子的思想，满足孩子的部分情感需求。我还经常了解他对零花钱的支配情况，并引导他仔细观察周围的同学、老师，是怎样面对物质生活的诱惑的。让他知道世界上那么多好吃好穿好玩的东西，无法都得到满足，要学会控制自己的欲望。同时，我经常让他做一些班级小家务，在忙碌中分散他的一些注意力，他也就不会过多地关注同学的物质方面了。

在班级里，我还结合品德与生活课的内容，对全班同学进行了生活指导。教学生学会自我管理财物，对自己自由支配的钱学会合理使用和支配，学会记账。过一段时间以后，组织学生进行交流，看谁最会当家。

从这件失窃案以后，班级里再也没有发生过类似的事件。小Z在各方面的情况也不错，不再因为某些物质方面的问题而感到自卑，也不再因为小弟弟而感到自我失落。通过对小Z的辅导，我感到班主任在进行学生个别教育时，确实应该慎重，千万不要简单地就事论事，不然，无论我们的愿望多么良好，也无法得到良好的结果。

【专家点评】

教育是一种智慧

浙江师范大学教育科学学院 蔡连玉（博士）

在德育过程中，需要老师具有一定的教育机智。教育机智是一种智慧，指的是那种能使教师在不断变化的教育情境中，随机应变的教育技能。可以认为，教育机智＝F（教育情景），也就是教育机智是教育情景的函数，教育机智的表现要随着具体教育情景的变化而变化。在教育教学实践中，教育情境总是在不断变化，因为学生在变，教师在变，气氛在变，时间在变，甚至地点也会在变。换言之，教师一般地都是在不断面临挑战，这些挑战可能来自于外部，也可能来自于教育者和受教育者，可能是好奇却远离教育目的的提问，也可能是非善意的挑剔，或是中断教育活动的纪律事件等等。总之，这些挑战造成的干扰往往会形成实践中的尴尬局面，打乱正常的教学秩序。在这种教育情景下，教师的教育机智尤显重要，教师若能用一两句话，一两个动作或活动排解开，就会变不利为有利，取得更为理想的甚至是意想不到的教育效果。正是这种在普通事件当中捕捉教育契机的能力，以及将看似不重要的事情转换成有教育意义的事件的能力，才能使教育机智得以实现。一般地，教育机智发自偶然，储之久远，它体现了教师的教育态度和能力，更反映了教师的人格修养。高超的教育机智对学生的道德修养、成长成才都会有较大影响，有的会留下终身印象，促进学生长远发展。

教育机智具有非计划性、实践指向性、情绪感染性和情景适应性。非计划性是指教育机智要面对的教育情景往往是偶发的；实践指向性指的是教育机智要能够解决教育实践中的问题；情绪感染性指的是教育机智要能够感染学生，取得良好的教育效果；情景适应性指的是教育机智需要适应特定的教育情景。

郭刃老师意识到了阅读经典的重要性，让学生反复学习《论语》，从《论语》中获得教育机智。《论语》中有许多典故，当老师和同学们熟悉这些典故后，言简意赅的语句就能发挥巨大的教育能量。老师遇到的教育情景是偶发的，高超的对经典的运用能力，会起到意想不到的效果，这是一种教育机智的体现。

李莉老师认识到老师本身也是学生的观察对象。学生平时少有机会表达，但他们脱口而出的话语恰恰反映了其真实想法。老师的一种教育机智是随时注重自己的形象扮演。老师不同的行为、不同的言语会对学生传递不同的意义，老师应有意识和智慧调整自己在不同的、甚至是偶发教育情境中的自我形象扮演，把自我形象扮演作为一种教育资源。

史秀燕老师给我们展示的案例是一种"冷处理"极端教育事件的机智。面对极端事情的发生，老师及时控制了自己的情绪，冷静地处理问题，能够避免负面的师生冲突。基本的教育智慧应认同：宽容是一种心态，对犯错的学生要冷静而理智，要学会"热"问题"冷"处理，教育过程中既要严格要求、对学生负责，又不能感情用事。宽容是无声的教育，其力量会超出我们的想象。

贾京洪老师展示的是自己用教育机智开展爱的教育的案例。不回避，直面学生生活世界中情感问题，是一种教育勇气；泛化处理，而又联系学生实际生活，是一种教育智慧。要让学生的心灵洁净，情操美好，唯一的方法就是用美德去占领学生的心灵。

马珊珊老师的案例较为典型，也把教育机智运用到了极致。面对有偷拿行为的学生，教师善意地对待其所做的每一件事，包容孩子们犯下的错误，保护学生的尊严，感化他们的心灵，信任孩子，让孩子接纳你，亲近你，让他们感受到爱，才能从内心深处改正错误。

王玉清老师启发我们，作为一名教师，需要善于发现孩子身上的闪光点，加以正确的引导，让他们感受到世界充满爱。爱不只是说出来的，而是更要靠孩子们去感悟，从而唤醒沉睡在他们心灵深处的善。教师的教育机智利用偶发性教育情境，能够达到很好的德育效果。

李海燕老师对"捣乱大王"学生的宽容甚至鼓励，是教育机智的体现，也应是一种基本的教育素养。课堂不应只是教师单方面的传授知识、学生学习知识的地方，而是一个心灵交流的平台，是一个教学相长的空间。鼓励学生提问，甚至是奇怪的问题，是培养学生探索真理兴趣的智慧。

高然老师利用一块巧克力来化解教育困境，让我们感受到，老师不只要有爱心，而且要善于爱。做一名智慧型老师，要耐下心来工作，小心地呵护孩子们幼小的心灵，这样才能起到事半功倍的作用。许多时候，小的物件可能会起到大的教育智慧的功用。

玉静老师看到了学生负面事件的积极意义，并在此基础上，利用教育机智，把不利的教育情境转化为有利的教育契机。偶然的教育事件，像"一米阳光"一样，能使一辈子无法成就的永恒，在某一点便凝成；一辈子无法拥有的灿烂，在那一米之内，照亮心扉。

徐海楠老师在处理学生偷窃案中，不是简单粗暴，而是细致耐心，充满宽容关爱。所以，班主任在进行个别学生教育时，应该慎重，千万不要简单地就事论事，否则，无论我们的愿望多么美好，也可能无法取得好的教育效果。宽容、爱心、尊重和保护，是教育机智的基础。

教育机智是教育技能的最高体现，培育教师教育机智，需要有成功的教师专业发展。在教师专业发展过程中，需要强调对教师人文精神的培育，爱心和关怀，是成功教育的基础。教育机智还需要有经常性的教育教学反思，深入反思是教育经验高层次积累的重要途径。

第五章　幸福花开

——因材施教的故事

　　因材施教是教育工作中一项重要的方法，在教育实践中教育要善于根据不同学生的认知水平，学习能力以及自身素质，选择适合每个学生特点的方法来有针对性地开展教育，发挥学生的长处，弥补学生的不足，激发学生的兴趣，树立学生的信心，从而促进学生全面发展，让每位孩子拥有灿烂阳光的心灵。

故事41："聊"开心锁

文/肖书霞（北京市海淀区五一小学）

"叮铃铃，叮铃铃"清脆的下课铃声响起，我催促着"请小组长先把数学卷子收上来，第四节课我们再接着做"。无意间我发现一只"丑小鸭"的眼中噙满了泪水，我内心不由得有一种说不出的痛。这张周长计算的练习卷，对中等生而言并不容易，对这个学困生来说就更是举步维艰了。

忙碌着，欢笑着，孩子们准备出发上信息课了。我独自一人在教室批改试卷。一种直觉让我先批改"丑小鸭"的试卷，比我想象还要糟糕！一张试卷做了几个题目，而且均是错题，这着实大大超出了我的预期。天呀！刚才的四十分钟她是怎样的痛苦煎熬呀！正在这时，门开了，一名中队干部哄着一位泪眼婆娑的小姑娘进来了，我定睛一看正是这只"丑小鸭"。我示意中队委员悄悄地走开。教室里静悄悄的，呜呜啼啼的哭声不绝于耳。"我头疼，您给我妈妈打电话来接我吧！"我摸了摸她的头，温度不高。我拉着她轻轻地坐在了我的身边，一次心灵的沟通开始了。

"家里都有谁呀？"

"姥姥"

"姥姥多大了？"

"72"

"妈妈在哪里上班？"

"四季青桥……"

"几点上班？她来接你方便吗？"

"8：30上班"

"现在9：00整，电话要是打给她，妈妈会怎么样？"

"着急，会打出租来……"

"孩子，你真的头疼吗？"

"我的数学卷子没做几道题？我很多不会做……"

"还有朱某某笑话我做得慢……我还担心老师批评我……"

哽咽着说出心里话的她，没有了眼泪，静静地望着我。

我知道这个孩子内心充满了"恐惧"。一种主观的猜疑，来自同学的"嘲笑"。孩子的心就像美丽的肥皂泡般脆弱，经不起任何的风吹雨打。这只"丑小鸭"很乖巧，中规中矩，她对自己的一言一行都是严要求高标准。上天赋予了她乖巧，然而没有赋予她聪慧。在学习的道路上简单的事情，对她而言也如同李白的诗篇中所写"学习难，难于上青天"。别无他法，鼓励不是万能的钥匙。仅是个8岁的孩子，她了解自己，想要学的更好。我知道她在努力，用尽了全力，我看得到。紧张、猜疑、恐惧的心理对于学习来说，一定是三座大山。

"哪里不会，老师陪你一起做……"随着题目一道一道地解决了，孩子的脸上也渐渐地露出了笑容。

战胜自己不是一件轻而易举的事情，打铁需趁热。第二天，吃过午饭，孩子们都各自忙碌起来。我的目光不由自主地投向了她，只见她眉头紧锁。今天新学的两步应用题，对她来说有一定难度。我悄悄地走到她跟前，抚摸着她柔顺的长发。

"帮老师一个忙，好吗？"

她腼腆地点点头。

我把一个水壶递到了她手中，不打开壶盖，把水接满。

面对这善意的"刁难"，她无奈地望着我，一脸的疑惑仿佛在说"不打开壶盖怎么能接水？"

"上课学习知识也是如此。你每天都在紧张、恐惧中度过，每根神经都绷得紧紧的，这种学习状态是最糟糕的。"

　　我拉着她的小手说："让自己的心平静下来，放松心情，学会管理自己的情绪，学习的难题也就迎刃而解了。"此时她紧锁的双眉打开了。

　　"自己试试看，也许你会很快解答出来。如果不会，及时来找老师。"

　　大约过了5分钟，她拿着练习题走过来了。她的脸上露出了微笑，那眼神充满了感动，充满了自信，充满了力量。

　　俗话说"金无足赤，人无完人"。　由于每个学生的家庭环境、自身素质、知识基础的不同，因此学习中表现出一定的个体差异。我任教小学低年级学生，我心中可爱的"丑小鸭"，在数字与符号面前往往会显得惴惴不安，有的孩子则会表现出情绪波动，在纸上乱画或者哭哭啼啼……

　　在教育教学中教师应处处当有心人，察言观色。抓住学生生活中微小的细节，透过现象洞察本质。比如学生犯了过错，从眼睛上表现出游移躲闪，诚惶诚恐；从语言上表现的是吞吞吐吐、断断续续；以及情绪的反常等。教师应抓住教育机会，顺势而为，"聊"开心锁，让孩子的情绪稳定，打开孩子的心扉。

故事42："人民公敌"

文/黄丽丽（北京市海淀区五一小学）

一天，我正埋在作业堆里，忽然闯进我班几个学生，七嘴八舌地嚷开了："黄老师，您快去看看吧，小玮又闯祸了！""他把咱班评比栏中的五星撕了！那是咱们好不容易得来的。"我一听，头立刻大了。这个小玮怎么就没有一天消停！"走，看看去！"

刚下体育课，怎么又打起来了？我眉头紧锁地来到教室门口，看到这样一幕：

气得像只斗鸡的小玮，被三五个同学拉着胳膊摁着肩膀，却还在奋力挣脱，并抬腿踢门。周围的孩子们一个劲儿地喊："看住门，千万别让他进去！"而班里的孩子正死死地顶住门。我边看边想：如果此时我站在大多数学生一边，不让他进门，或是拿出老师的威严严厉地训斥他一顿，同学们也许会欢呼，我惩治了"人民公敌"，但小玮呢？他会认识到自己的问题，还是会加大对大家的仇恨呢？不行，坚决不能这样做！"放开他！"我大声喊了几遍之后，周围孩子才松开了手，可小玮还不依不饶地撒着欢。我走到他身边，用力搂住他的肩，并命令他看着我的眼睛，"你想进去吗？想进去就按我的话做！"

十分钟之后，一切恢复了平静。大家都在各自的座位上坐好，而我站在讲台上静静地思考：小玮这枚班上有名的小炸弹，遇事爱钻牛角尖，一点小事就生气、发脾气，总是与大家格格不入，三天两头的与同学闹别扭。同学告他的状，科任老师告他的状，可他还哭得像个泪人，好像全世界的人都对他不起似的。今天我如果正常上课，就当刚才的事情没有发生，那明天呢？说不定一下课他又会和同学打起来。不行，应该为小玮开个班会，让同学们一起帮助帮助他！

首先，我请小干部汇报了一下事情的前因后果，了解到因为小玮在体育课上违纪而连累了大家不能参加班级间的拔河比赛，所以群起而攻之。可这并不能帮助小玮认识到自身的错误，反而刺激他一错再错报复大家。小袁虽然是班上有名的闹将，却有着极强的班级荣誉感，刚才就是他紧紧地抱着小玮，不肯撒手。于是我请他发言："你说小玮为什么撕咱班的五星？""因为大家不让他进班，他急了！""那你觉得如果无缘无故，小玮会撕咱班的五星吗？""会！他看谁都不顺眼！"这时很多愤怒的学生纷纷举手，一定是要声讨小玮了。我并没有让他们说下去，而是看看小玮，他此时正流着泪瞪着眼，快要喷火了。"小玮，你冷静冷静，不要哭了，眼泪并不能解决问题。你说说，大家为什么不让你进门？""他们都看我不顺眼！""噢，那你做了什么事让大家不满意吗？"小玮哽咽了半天，说："因为我违纪了。""没错，因为你的错误大家都要受到惩罚，你觉得他们对你发火有没有道理？""有。可是他们也不能不让我进门，还把我的手夹伤了！"小玮大声嚷起来。"一道门就可以永远把小玮与我们隔开吗？这样做他就可以不是咱班的人了吗？大家说说，小玮为什么反应如此激烈？甚至做出了不理智的行为？"了解小玮的同桌回答："因为我们点着了他的爆竹线！""是呀！小玮最大的问题就是控制不好自己的情绪。对于这样犯了错误的同学，大家是排斥他，埋怨他，还是原谅他，帮助他？不同的做法结果可大不一样！小玮身上的缺点是不少，甚至给集体抹了黑，但既然我们同在一个集体里，就应该更宽容，更友善，大家团结一心，一起帮助他改正不足，大家说对吗？"大家齐声说"对"。此时小袁更是抢着对小玮说："对不起，我把你弄疼了吧？"我走到小玮身边拉起他的手，看了看，虽然并无大碍，我还是放到嘴边使劲吹了吹，笑着问他还疼不疼？小玮擦干了眼泪，说："其实我也不想做对不起集体的事！"我搂着小玮的肩膀笑了，说："我们相信你！你比以前勤快多了，在努力为集体服务，大家都感受得到，可不能因为一次错误，前功尽弃呀！"小玮使劲地点着头。

　　一次小小的风波就这样平息了，我只是希望孩子们从此可以懂得如何宽大为怀，与人为善，如何友好地与大家相处在一个集体之中。用爱的教育拂去蒙在心灵上的污垢，擦亮孩子的心灵，让孩子面对一片湛蓝晴朗的天空，放飞理想和希望，关键是教师要拥有一颗拳拳之心。

故事 43：爱画画的孩子

文 / 徐凤茹（北京市海淀区五一小学）

上课铃响了，我走进教室，微笑着对学生们说："今天我们要学习一个非常有趣的小故事。看顽皮的小猫Cookie来了，在故事中，它俨然也成了家里的主人和祸害。从周一到周六，它在主人的各个房间里四处乱跑，不断地做坏事。一会儿，弄翻墨水，一会儿弄翻垃圾筐，一会弄翻主人的咖啡……简直烦透了主人。"这个淘气的小猫也深深地吸引了孩子们的眼球，学生们乐得不亦乐乎。

就在这时，我发现班里最后一排有个小男孩却不动声色地在桌子上画着什么，俨然课上发生的事情与他无关。紧接着，我仔细一看，原来是明明。他平时在英语课上总是画画，而且不停地画，有时把他的纸拿到讲台上，他又会在桌子上画个不停，这直接影响到了他的学习成绩。对此我很是无奈。今天的课上，这一情景又再现了。

下课后，我很沮丧地回到办公室，沉思了好久，我心里想：一定要帮一帮这个孩子。他那么喜欢画画，做事那么执著和专注，说不定将来他能成为一名出色的画家呢！

第二天上课的时候，当我看到他仍在不停地画画的时候，我没有像往常那样夺过他手中的纸和笔，而是轻轻地走过去，摸摸他的小脑袋，面带微笑地对他说："你画得真不错，你天天画，是不是也有很多画作了？如果你能积累起来，快出个画册吧！老师很欣赏你，如果你能在课间画或者在课余时间画就更好了，这样就不会耽误你的学习了。"听了我的话，他眨了眨眼睛，很是惊讶。紧接着，他偷偷地收起了纸和笔。我很是高兴，及时在班里表扬他。"看！我们的画画小天才今天开始听课了，大家快来为他鼓掌吧！"于是班里沸腾起来，同学们都把目光聚焦到明明的身上，大家都在为他高兴。

看到自己初战告捷，我信心更加足了，于是我乘胜追击，又开始了新的攻势。心想：我不要对他的学习过于焦急和忧虑，其实可以发挥他的绘画优势，让孩子把今天学的故事以画的形式表现出来，也可以让他的英语手抄报制作的与众不同。于是，课下，我悄悄地把他请到办公室，先让他坐下来，然后和他谈心，通过沟通和交流，我得知孩子的父亲是一个建筑工人，平日里工作很辛苦，对孩子要求也比较严格，看到孩子成绩不理想，还会打孩子，为此明明和父亲的关系很僵，特别不愿意与父亲沟通，但与此同时，他也暗暗下定决心，一定要争气，将来成为一名画家，让父亲为自己骄傲。听完了孩子的话，我语重心长地对孩子说："你的理想很好，我相信只要你努力，你的理想肯定会实现的。你可以用你的画笔画出自己每天的生活和学习，也可以用你的画笔续编今天的小故事。"听了我的话，他连连点头，欣然地接受了我的建议。

周三一大早，我刚走进办公室，就看见办公桌上放着他的作品，看到孩子创作的富有个性化的英语手抄报和续写的故事连环画，我非常地感动。不久，我又和孩子进行了长谈，及时表扬了他上交的作业，与此同时，我还和孩子深入地探讨了画画和学习的关系并送给孩子一本精美的美术画册，及时地鼓励他。孩子接到礼物，留下了激动的泪水。由于我的真诚，我的理解，我的尊重，孩子很快接纳了我，也接纳了我对他的教育。那天是我们彼此感到最幸福的日子。

接下来的日子，我又通过不同方式，反复地进行尝试，还兑现自己当初的诺言，在班里为孩子开了一个小型的画展。当小伙伴们看到明明的画展，大家都为他喝彩。渐渐地，我惊喜地发现孩子真的变了：上课能专注地听讲了，能和小伙伴们合作了，能按时完成作业了，学习成绩也有了明显的进步……看到孩子这些可喜的变化，让我真正体验到了做教师的幸福感。

故事44：他不能受委屈

文／宋雅涛（北京市海淀区五一小学）

小承同学是我们短跑训练队中一个身材不高，但比较壮实的小男孩，笑起来的时候很灿烂，可是发起脾气来真是很吓人。

那天训练课上，我们测验50米快速跑。轮到他考核了，他边笑边说地上了起跑线，精神状态和身体都没有紧张起来。发令后，他起跑还是慢了一点。跑出20米左右，他明显落后了……这时，他突然停下了，气哼哼地走到跑道的旁边，用力扯下一条爬山虎的枝条，走到跑道中间，拿起枝条用力抽打地面，边抽边大声喊叫"抽死你！抽死你！"旁边的训练队的孩子们都劝慰他，请他离开跑道，不要妨碍测验；可是他就像没有听见一样，照样疯狂地喊叫抽打地面……

在他身上，生气、发火的事情时常发生。这正是独生子女的特殊性造成的，在家里他是小太阳，没有人招惹他，想干什么就干什么，相对而言在家中他的活动是顺多逆少，因此他稍有不顺就爱生气、发脾气。久而久知，他就养成什么事都要顺着我，不能受一点委屈的娇纵习气。正是在"凡事顺着他、不能受委屈"中，他的性格也慢慢形成了软弱、怕挫折的弱点，在合理的竞争中他往往表现出很想取胜，又怕失败；他很想成功，又害怕挑战的矛盾心理。

看到他的所为，我没有马上制止他，而是组织同学们在两边的跑道上继续训练。我知道给他时间让他平静是此时最好的方法。过了一会，他抽打的节奏减慢了，叫喊的声音也小了，他心中的委屈和不满也基本发泄完了。

此时，同学们的考核结束了。我走到他的身边，他抬起头用充满委屈、又有一点不好意思的眼神看着我。此时的他还有些委屈和不平衡，但同时也意识到自己的行为是不对的。看到这里，我没有马上批评他，而是一步一步引导他自我调节情绪，自我认识错误，自我改正错误。轻声问他"你怎么了？"他看了看老师，没有说话。我又问："是不是心里不舒服了？"他抬起头，张了张嘴还是没有出声。我接着说："能和我说说吗？""我跑得比其他人慢！"他的眼里含着泪光和委屈，"哦！我知道了，你特别想追上别人、想取胜，对吗？"他低下了头轻声说道："嗯！可我没追上，"说出了生气的原因，他的情绪又平静了许多。于是，我直接切入主题问："哦！没有追上……那——我们就可以放弃比赛、不跑了吗？""不应该！""那我们就可以拿有生命的藤条撒气吗？""不能！"他的头更低了，他已经意识到自己错了。

面对着他充满懊悔的眼神，我拍了拍他的肩膀语重心长地说道："孩子，任何竞争都会有成功与失败，我们不仅能兴高采烈的迎接胜利，还要学会面对失败和挫折，体育竞赛是这样，将来你走进社会更是这样，因此，我们要学会用积极进取的心态接受成功与失败，只要你能不断超越自我，就是成功！"他点了点头，眼神里的委屈也慢慢消失了。"那你能告诉我——我们该做什么了吗？"他想了想，难为情的说到："宋老师，我还能比赛吗？""当然能——"老师话还没有说完，他就接到："老师，我现在就开始！"我看着他欣慰地笑了。

意志品质，在田径训练中铸就；欣赏合作，在训练中形成；成绩自信在训练中提升。一个非常调皮不听话的孩子，进入学校田径队，通过老师的教育、自身的努力、思想的转变，最后取得了优异的成绩。他在田径训练中找到了自我，找到了价值，得到了幸福的喜悦。

故事 45：孩子们的心思我来"猜"

文/陈会杰（北京市海淀区五一小学）

刚刚接这个班就听同事们说班上有个极其爱哭的大男孩。果不其然，在他第一天上室外训练课时，刚刚开始素质训练没多久，就听到有一个戴眼镜、白白胖胖的大男孩不知因为什么原因大声地哭了起来。我想：这一定就是那个大家都知道的爱哭大男孩。我走到这个孩子旁边，周围的学生七嘴八舌地说道"老师，他叫李博，您甭管他，他就这样，动不动就爱哭，一会儿就事儿了。"我看他确实并没有什么大事，就简单地说："别哭了，大男子汉不该是这样！"说完就继续接着教学。

下课后，看到那孩子气呼呼的谁也不理就直奔教室走了。在以后的几次课上，无论是做动作，还是和同学一起游戏，他总表现得不太合群，不太能听取别人的意见，脾气很大，还显得比较暴力，对老师也是爱答不理的，与他说话他也就像没听见一样。这到底是个怎样的孩子？

一天的体育课上，我把学生分成若干小组进行篮球练习，我发现李博竟然很爱帮助同学，他把球主动的发给各组，然后就在一边看着。这时我走过去，俯下身轻声地问"你怎么不去和大家一起活动呢？""没意思，他们都不爱和我玩，在这个班里我没有一个朋友。""谁说的，我不就是你的朋友吗？除非你不接受我这个朋友。我听说你文章写得很好，爷爷也是有名气的作家，还为你写了一部书。"此时他眨着眼睛，看着我问："您怎么知道的"。我回答说："因为我是你爷爷的忠实读者，同时你又是我的学生"。"您真的喜欢读我爷爷的书，那我天天给您带，我的爷爷可棒了……"说

到他爷爷他的话匣子可就打开了，他滔滔不绝地说个没完，看他的神色完全
与平时不同，我很诚心地对他说："咱俩就是好朋友。我很愿意让你成为我
好朋友，让我们拉拉手吧！""真的呀，老师，您和我做朋友。"他又惊又
喜。我点点头又对他说："你很棒，我非常愿意与你交朋友，好和你一起看
你爷爷的书，与你一起进行学习与探讨。""那太好了。"接着我又说：
"咱们既然是朋友，要相互信任，相互接纳对方提的建议你说对吗？我想对
你说，听说你的爷爷还专门为你写了一本书，你知道吗？同学们可喜欢书中
的你了！请我的朋友不要随便就哭，不要心中只有自己，可以吗？你接受
吗？""行"，他回答得很干脆。

　　下课前，我当着全班同学的面宣布了我俩是好朋友这件事。听到这事，
同学们顿时间炸了窝一样，"老师怎么会和他交朋友？""老师，您在开玩
笑吧？"为了消除大家的疑虑，我赶紧又说："我们不但是朋友，而且我的
这位朋友他特别的棒、特别的好，他读过许多的书，很有学问的，他还很愿
意为大家服务，想想看刚才我们玩篮球时是谁给我们拿的球，刚刚又是谁收
的球，这些我们难道没有看到吗？让我们用掌声谢谢他。更可贵的是他接受
了我给他提的建议，我希望同学们一起来监督我们，也希望同学们能够帮助
我们俩。这时，我看到他脸上露出了从未有过的笑容，笑得是那样的开心、
那样的灿烂！同学们不时地向他投去羡慕的目光。

　　下课后，同学们像往常一样三五成群的向教室走去，只有李博迟迟不愿
离开。几周后的一天，李博悄悄对我说："告诉您一个秘密，我现在有很多
朋友啦！"说完，他像一只快乐的小鸟一样跑开了。

故事 46：理解万岁

文 / 李亚敏（北京市海淀区五一小学）

文文同学是班上很有特点的一个孩子，每天都活在自己的世界里，对周围的一切充满敌意，"就不！怎么了？"是他的口头禅，一旦与他想法不一致，表现很极端，甚至有些歇斯底里。

一天下午，学生们正在做练习，听到广播通知：为丰富学生的课余生活，学校给孩子每人配发一个空竹。"耶！"欢呼声立刻从各个教室传出来。我请几个学生把空竹领回教室，孩子们顿时兴奋起来。为了安全，我先叮嘱学生不要在教室楼道玩，在操场玩时也要注意周围，别碰到同学，告诉学生平时空竹要放在自己的柜子里，大课间活动和体育课时才能拿出来。安全教育之后，才把空竹发给孩子们。

拿着刚发的空竹，孩子们开心极了，摸摸空竹，捋捋空竹杆，拽拽空竹绳，很是喜欢，但很快他们就陆续将空竹收好了，只有文文同学依然不停摆弄着。他斜着眼睛，歪着身子，拿空竹杆捅捅这个，碰碰那个，嘴里还不停地叨咕着"你中毒喽，中毒喽"，一副陶醉的样子。旁边的同学有的躲着他；有的说他打人；还有的用异样的眼光看着他，大家对他的行为很不理解。而他呢？依然沉浸在自己的世界中，全然不顾同学们指责的目光和话语。这时有同学提醒他："别玩了，赶快写作业吧！"他眼一翻"就不！怎么了？"看着文文急得发红的眼睛，我知道现在要求什么他都不会听。怎么办？我试着站在他的角度想：他到底在干什么呢？我观察着，忽然想到了什么，于是，我语气平静地对大家说："文文不是要打谁，而是在跟你们玩游戏。"文文马上歪着头，嘴里叨咕着"没错！就是游戏。"我继续跟大家说："他只是没把游戏规则告诉大家，你们不明白他在干什么，所以误会他打人。"文文连忙解释："就是中毒游戏。我用空竹杆碰到谁，谁就中毒了。"我转头问大家：这样的游戏你们愿意玩吗？"不愿意！""一点儿都不好玩！""你都影响我学习了！"……听到大家对他这么不满，又看到同学们都在摇头，文文有点急了，嚷道："就好玩！就好玩！"我没有理睬文文，而是对大家说："既然你们不喜欢玩这个游戏，就踏实做练习吧！"孩子们不再关注他，开始安静地写作业。文文发现没有同学再看他，悄悄收起了空竹，并且不再言语。一场风波过去了。

　　这件事后，我经常在想，我是不是真的很了解我的学生们，理解他们的一举一动？我们教育学生眼里不能只有自己，心中要有他人，要顾及到别人的感受。作为教师，孩子的班主任，我又有多少次是真正用心去体会孩子们的感受呢？记不清哪位教育家曾说过：理解是教育的前提。是啊，只有给予孩子们充分的理解、信任，才能真正走进他们的心里，才能在孩子们需要时，给予他们支持和帮助。

故事47：钱包找到之后

文/李欣玲（北京市海淀区五一小学）

"老师，老师，您快去看看吧，孙某的钱包丢了！"一个同学慌慌张张地跑到办公室。

当我和她一起来到教室时，看到有3个同学在做值日，还有两个在孙某的座位旁帮她找钱包。我先安慰她别着急，然后让她仔细回忆钱包有可能在哪里。她说今天是她们组做值日，放学时特意把钱包放在书包的侧兜里，准备路上帮妈妈买东西。后来有个同学向她借钱，才发现钱包不见了。是不是放错了地方？我请大家又认真帮她寻找了一遍，仍然没有。我分别询问了其他同学，都说没看到。我觉得很纳闷，教室里只有这六个人，短短的十几分钟，难道是钱包自己飞走了？我断定拿钱包的同学就在其中。是一个一个的审问，还是搜身？但是从尊重学生的角度考虑，我没有武断的处理这件事情。我安抚孙某说："请放心，老师有办法解决这件事。"并叮嘱其他同学对这件事要保密。

第二天课上，我给同学们讲了一个华盛顿砍樱桃树的故事。乔治·华盛顿小的时候，父亲给了他一把斧子。他非常喜欢带着它四处走动，用它砍东西。有一次他跑进花园，看见一棵树，就用小斧子把它砍倒了。后来父亲发现了，非常生气。因为这是本地唯一的一棵这种树，是父亲花了很多钱买来的。后来小乔治主动向父亲承认了错误。父亲一下把他搂在怀里激动地说："乔治，你把事情对我说了，我很高兴。我宁愿失去一打樱桃树，也不愿意你说一句谎话。""听了这个故事，你们有什么想法？"我的话音刚落，一张张小手举得高高的，大家纷纷发表自己的看法。没想到孩子们的是非观念这么强。我趁热打铁顺势把昨天班里发生的事讲出来。"如果是你做了这件事，打算怎么办？"大家你一言我一语，出了很多好主意。我觉得火候到了，语重心长地说："古人云：人非圣贤，孰能无过?过而改之，善莫大焉。老师希望你们都能做一名堂堂正正的君子。"我给每个人发了一张白纸"假如是你做的，请写在纸上，老师一定替你保密！"我满怀信心，暗自庆幸自己的巧妙做法。但出乎我的意料，收上来的42张纸条竟然都是空白的。下一步该怎么办呢？这真给我出了个难题。

正当我费尽心机在想办法时，当天中午，孙某高兴地跑来说："老师，我在桌斗里找到了钱包，里面的钱一分也不少，而且还夹着一张小纸条。"这真是个意外的惊喜。我想有了这张纸条，就能通过笔迹认出他是谁，一定要好好教训教训他。我满怀欣喜地打开字条，看到上面用仿宋体工工整整写着"你能原谅我吗？"刚才的兴奋一下就跑到九霄云外了。他可真狡猾！我暗下决心必须要查出这个人是谁，绝不轻易放过他。下午我拿着这张纸条，对全班同学说："通过仔细辨认笔迹，老师已经知道这个同学是谁了，希望你能主动找我承认错误。"

整个下午我都在耐心等待这个同学的出现。放学后，黄某来到办公室。我心中暗喜，难道是他吗？不会，那天他走得很早。我忙问："有事吗？"他对我说："老师我觉得您不该查下去了。"我心里一愣，忙问"为什么？""既然他已经知道错了，您就该给他一次改错的机会。为什么非要查出他是谁？"刹那间，我的脑子里似乎一片空白。是激动，是高兴，还是惭愧？我用手摸着他的头说："谢谢你的提醒，老师可以考虑你的意见。"他高兴地走了。

"为什么非要查出他是谁？"我脑海中反复回想这句话。静下心仔细想想，钱包找到之后，还要执意查出"作案者"的动机是什么，是为了满足自己的好奇心，同时证明我的工作能力，还是为了帮助教育这个孩子？显然更多是前者。记得有人说过 "教育的最佳状态是自我觉悟"。这个学生能还回钱包，主动承认错误，这表明他已经开始觉悟了，从教育的角度来说，这就够了，作为老师没必要查个水落石出。即使查出这个孩子是谁，对他的成长又有什么好处呢？只能让孩子产生过重的心理负担，至少在我面前抬不起头，这也许就会毁掉孩子的自信，甚至影响孩子的一生。尊重学生，就应当尊重学生的人权，允许学生有隐私。想到这些，我由衷地感谢黄某，是他的提醒使我避免了伤害一个孩子。

第二天，我对全班同学说："那个还钱包的同学，老师非常佩服你的勇气，而且知道你是一个知错就改的好孩子。你不用找我了！"班里立刻响起了热烈的掌声。孙某也谈了自己的想法："我不怪你，谁都会有犯错的时候，我早就原谅你了！"接着又是一阵掌声。

这件事已经过去一年多了，虽然到现在我也不知道那个同学是谁，但从此以后，班里再也没有丢过东西。

参加工作已经有十多年了，处理过无数大大小小的事，但这件事对我的触动最大。作为教师，一切教育行为都应以有利于学生的发展为出发点。面对学生的"犯规"行为，特别是当学生的选择违背教师的愿望时，教师就面对着一种艰难的挑战：用社会角色所赋予的职责战胜自然人性中的不足，以达到良好的教育效果。这应是教师素质的重要方面。

故事 48：撕掉的试卷

文／焦进辉（北京市海淀区五一小学）

　　升入六年级的第一天，按惯例要对学生进行摸底考试。这不，刚刚7点过一点，大部分孩子已经到校，做好了充分的准备。作为班主任的我，看到孩子们对待摸底考试这种认真的态度，自然很欣慰。8点钟铃一响，孩子们就埋头答卷子，教室里静极了。突然，我发现有一个座位居然还空着，不由得皱起眉头，唉，又是他——小润。他是全校有名的学生，课堂上基本不听、不写、不学，他是有名的"战争贩子"。这时，门被推开一条缝，是他，探着头一声不响地溜回到他的座位上，还碰到同学的桌子上，引起了大家的不满。看来他还没有在思想上重视起来！你瞧他那样子，磨磨蹭蹭，不是动动文具，就是捣捣同桌，时间都快到了，他才写了不到一半，见他这样，我就一肚子火，看来不给他一次教训是不行的。下课铃刚一响，我不由分说的收了他的试卷，不去理会他捂着试卷满是哀求的脸。

　　第二天的语文课，我正在讲评试卷，突然听到有学生说："老师，小润在撕卷子。"一听这话，我连忙将视线转移到了小润身上。不看不要紧，一看便怒从心生，气得发抖，这家伙，丝毫不顾忌我正看着他，发疯似的将试卷撕碎，还天女散花般的扔得满地都是，这真是胆大包天了。他眼中还有我这个老师吗？他给周围同学什么影响？他难道不应该为自己的行为付出代价吗？不惩治他一下我还算班主任吗？我感觉到自己已经变成了即将爆发的火山。再看看小润，也是瞪着眼睛瞧着我，还直喘粗气，一副气急败坏的样子，活像一头被激怒的斗牛。这时，全班同学都不敢吭声，眼神在我和小润之间轮番扫描，教室里没有一点声音，气氛极其紧张，简直要窒息。

此情此景，令我自己难以置信的是，怒火如潮水般退去，我反而渐渐冷静下来。这孩子也在气头上，如果我再当众训斥他，只能把事情弄僵，难料会有什么不堪设想的后果，再说他这样生气，也是因为这张试卷没有达标，这不是他的真实水平，他的这些举动更说明他是个自尊心和上进心都非常强的孩子，我怎么能由着自己的性子肆意践踏他这份自尊心和上进心呢？学生已经很冲动，我这个老师怎能像他一样无法控制自己呢？如果火山和斗牛比拼累及的可能就不是一个学生了。当然，我不能视而不见，灵机一动，我一拍讲台，大声说道："小润，你这卷子撕得好！"此言一出，我分明看到他由斗牛变成了"木鸡"，呆了。同学们也是丈二和尚摸不着头脑，满脸疑惑地看着我。

这时，我松了口气，当着全班同学我提高了嗓门："老师知道李纪润的意思，他撕试卷的目的是要和这个不光彩的分数诀别，他想要重新开始！"我看看小润，说："老师猜得对吗？"他表情复杂地点了点头，我又加了一句："只是你的这种做法太偏激了。"随之我将一张空白试卷递给他："把地上的碎纸捡起来，给你一张空卷子，写好后交给我。"就在那一刻，我清楚地看到他抬头看了我一眼，那个眼神至今我还记得，有惊奇，有悔恨，还有一丝丝的潮润，一点点的发红，那是发自心底的感激，这是一种用心才能感受到的眼神。

第二天一早，他将一张写的工工整整的试卷交给了我。平常一向顽固、不听劝阻的他竟然按时交上了答卷，这也令我感动不已，于是我立即放下手中的作业，当着他的面批阅了试卷，一个大大的，红色的优写在了试卷上方，同时也写在了他的心头。

在此后的各种测试中，我发现他总是埋头答卷，再也没发生过此类事件。我甚至从心底里感谢他的这次莽撞的举动，让我在一瞬间看到了他的自尊和上进，同时我也看到了教育的智慧，对待不守纪律，不爱学习，问题较多的学生，要换位思考，站在学生的角度，还要带着放大镜去发现学生的优点和长处。面对他们，我们要多一些平和，少一点怒气；要多一分理解，少一些埋怨；要多一些让步，少一些较真，陪着孩子一起成长！

故事 49：一盒彩色粉笔

文／韩梅（北京市海淀区五一小学）

每个孩子都犹如一朵稚嫩的花朵，我一直提醒自己，要百倍地呵护它，不断地滋润它、真诚地锤炼它。尤其是在处理一些棘手问题时，我更是提醒自己，要摆正自己的位置，因为稍有不当，就会伤害孩子稚嫩的心灵。想到这些我联想到我们班一盒"失踪"的彩色粉笔的故事。

一天课上，我正在给孩子们上课，学生们听得起劲儿，我也讲得兴致勃勃，讨论的同时我在黑板上做着板书，写到重点之处我想用彩粉笔标记一下。粉笔盒里没有彩色粉笔了，我低头打开讲台的柜门想去拿开学初新领的那盒彩色粉笔，却发生了一件令我很吃惊的事，粉笔不见了。我又用目光在柜子里仔细扫视了一番，真的没有了。我心想：这盒粉笔怎么会"失踪"了，是不是别的老师拿去急用？不会……或者……想着想着，我抬起身来问孩子们："谁看到咱们班柜子里的一盒彩色粉笔了？问的同时我也注视了一下每个孩子的表情，孩子们回答："老师，没看见。"这时我看到一个孩子的目光分明是在躲闪我。想到在班里一整盒新粉笔都丢了，我很生气，全班学生更生气。我简单的询问了一下前一天放学时的门窗关闭情况和谁是最后走的。学生们很配合，说得很详细。直觉告诉我这是一起内盗事件，一向沉稳的我在班内脱口而出："有可能是别的老师拿走急用。""不！老师，可能是被偷走了"，学生们纠正了我说的话，他们非要我搜每个学生的书包，这个集体请求被我拒绝了。我觉得搜孩子们的书包不仅伤害了他们的自尊，也不会有什么收获的。我又急忙表达我的观点："等老师回办公室问问再说。一会儿就要下课了，大家静下来安心学习吧。如果有人知道关于这盒粉笔的事，请下课主动来告诉老师。"我之所以这样说，一是为了让学生们不必惊慌，安心学习；二是为了不想错怪任何一个孩子；三我是想给那个走错路的孩子一次机会。

回到办公室后，我坐下来想了一下，心中断定是我班一个男孩做的这件事，可以说我有百分之九十的把握。他的眼神告诉我他心中有秘密，而且这个孩子平时比较喜欢占小便宜，偷偷拿过同学的橡皮……

很快，第二节课下课了，我班几个孩子来找我，告诉我这个男孩在班里曾经偷拿过别人的东西，粉笔的事可能和他有关，前两天有人看到他包里有彩色的粉笔头。我告诉他们："谢谢你们相信老师，不过没有印证的事最好不要张扬，影响不好，可能是误会。"这几个孩子走了后，我更肯定我的猜测是正确的。

我决定找这个男孩谈话，我一直在考虑这件事的处理方式，虽然我没敢明确告诉他人：我真的不愿意是他，但他就是那个我要找的人。在大家看来他的表现很自然，没有一点惊惶神情的流露，但我感到这个孩子有点害怕。若告诉学校后果不堪设想，但这件事决不能就这样过去。为了不让事件影响扩大化，也为了让真相大白，在放学后，我让他和另外一个学生帮助值日生做值日，然后把他叫了出来。

站在我面前的是个面目清秀的男孩，聪明劲儿从脸上都看得出。我故意问他："知道为什么叫你吗？你知道咱班丢的东西是谁拿的吗？"他很镇静地说："不知道，老师您是因为我作业写得不好叫我的吧。"听到这话，我想了一下后果，的确这事说大不大，说小不小，处理不好可能会给他心里留下一辈子的阴影。我微笑地看着他，再次耐着性子问他说："有人看到你书包里有粉笔头，哪里的？"面对我的质问，他虽然还在为自己辩解，但我看得出他有些慌了。我又给了他一次机会对他说："你只要说实话，这件事就会成为我们俩的一个小秘密，我不会告诉别人的。"

他终于哭了，对我说了他拿整盒粉笔的过程……他只是觉得五颜六色的粉笔很好玩，以前没有玩过，趁放学时独自在教室的一会儿时间就把一盒粉笔放进了自己的书包。

事后我思来想去决定不告诉家长，这件事知道的人越多，孩子的心理压力就会越大，我希望他把握好这次机会，痛改前非。第二天，他拿着书包来找我，从包里拿出了剩下的多半盒粉笔给了我，我也把我的想法告诉了他，没想到这个一直都很镇静的孩子却含着泪水对我说："谢谢老师给我机会！我一定好好改错，保证不再犯一次。我一定想办法将这盒粉笔还上。""好，粉笔我帮你还，老师要看你的行动，相信你能管好自己！"我很爽快地答应了他，并像我承诺的一样一直为他保密。他也像自己说的一样用行动来证明自己改正了错误。

宽容是老师应具备的人格魅力，除此之外还要能够挖掘错误的价值，使之成为学生成长的契机，成为教育的资源，用一种温馨、有教育意义的方式去处理孩子的错误行为。每一个生命都是美丽的花，我相信爱心能感化生命，愿在我们的呵护下每朵花都能绽放出它的光彩！

故事50：遭到拒绝之后

文／江燕（北京市海淀区五一小学）

进入十月，意味着新一轮的班干部选拔工作即将拉开序幕。每年这个时节，学校大队部总会发出动员，按照统一程序遴选优秀小干部。这是一节班会，我走进五（5）班的教室，空气中似乎弥漫着一股浓浓的火药味。就在上课铃响起的那一瞬间，一场激烈的班干部竞选开始了。

现在的五（5）班可以说是人才济济，班长之争也自然是史无前例的激烈。果然不出我所料，打头阵的便是小宇，他曾担任过中队长，今天是他第一次申请班长职位。只见他充满自信地走上讲台，响亮地说："亲爱的同学们，敬爱的老师，大家好……"从他滔滔不绝的演讲中，佩服之感从我的心中油然而生。小宇的相貌平平，但荣誉可是数不胜数。他的作文曾获得过国家级一等奖，科学论文也获得过国家级一等奖，不仅如此，几乎每届"英语词汇大赛"，他都拿到了奖项，真是一位名副其实的"才子"！听完小宇的演讲，也要竞选班长的小涵不禁有些担忧。

经过小小的思想斗争，小涵还是勇敢地举起了手。他快步走上讲台，先向同学和老师礼貌地鞠了一躬，然后开始演讲："大家好！今天我要竞选的职位是班长……"起先，小涵的手紧紧掐住演讲稿，无论如何也平静不了。此时的他大脑中恐怕也只有"紧张"二字。演讲仍在继续，教室里紧张的氛围还在攀升。站在一旁的我，早被眼前的氛围牵动着，感染着……我比孩子们还要紧张，这倒让我想起了笛福的那句名言："害怕危险的心理比危险本身还要可怕一万倍。"刚刚小涵的心理的确如此。可我转念又想：如果小涵

继续这么紧张，岂不是在心理就输给了小宇？我抬头看着台上的小涵，只见他逐渐平静下来，语句逐渐有了起伏，他越说越流利，越说越自信，渐渐找到了感觉。当小涵演讲完毕，同学们给予了他阵阵掌声。他成功了！

　　班干部竞选降下了帷幕，小干部的能力培养是当务之急。上语文课前，我找到小宇，用商量的口吻对他说："小宇，我们班竞选出的新中队长小涵经验不足，你以前担任过中队长，帮帮他可以吗？"放学后，我叫住小宇，期待着他的答复，满以为他会痛快地答应我，因为小宇和小涵是班里同学们公认的好朋友。出乎我的意料，他却不假思索地回答："江老师，我没时间！"他的回答着实让我大吃一惊。小宇是个倔强的孩子，如果此时硬逼着他，肯定会适得其反。于是，我耐心地做他的工作："小宇，江老师之所以让你帮助小涵有三个原因：一是你平时表现很优秀；二是你以前当过中队长，有经验。三是你们俩很要好，所以你帮助他最合适不过了，你觉得怎么样？"回答我的是一阵沉默。我意识到他可能的确有难处，便问道："你能告诉我你不想帮助小涵的原因吗？"他注视着我，好长时间都不说话。在我一再追问之下，他终于开口了："帮助小涵，我怕影响自己写作业，就会浪费我很多玩儿的时间。"他实话实说了。我没有放弃，继续开导他说："小宇，如果你怕帮助小涵会影响你做作业，我可以给你减少点作业。再说你帮助小涵，他会很感激你，你们的关系会更融洽，而且这也是一件光荣的事啊！"我想用"优惠政策"试图打动他，看看是否对症下药，从而找到教育的切入口，然而回答我的仍然是沉默。不要对他逼得太紧，让他回去考虑考虑，这样既给他一个台阶，同时也给自己一个台阶。于是，我让他明天再给我答复。

　　第二天，小宇依然是那句话。从教33年，这样的学生还是第一次碰到。小宇的答复让我着实体验到了被学生三番五次拒绝的滋味，顿觉教师的"权威"荡然无存。他的拒绝让我感到事情的严重性，觉得有必要与他的家长沟通一次。尽管我和小宇的母亲苦口婆心，"软硬兼施"，但他的态度丝毫没有改变。我一时束手无策，暂时"投降"放弃了。

　　小宇平时表现比较突出，思维活跃，全面发展。但他常常自以为是，听不进他人意见和建议，一意孤行。从心理学的角度分析，他有以自我为中心的性格障碍倾向，主要表现为：自视清高，认为自己了不起，天下第一；以自我为中心，总是从自己的角度去考虑，自己想干什么就干什么，想怎么干就怎么干，听不进别人的意见和建议。这种毛病的产生与家庭的过分娇宠，生活中的一帆风顺，片面的自我认识有关。

认识到这一点，我立即采取"行动"，不再要求他帮助小涵，而是另选他人。小涵在他人的帮助以及自身的努力下，很快胜任了工作。这似乎也给了小宇一个"下马威"。同时，在学校开展其他活动时，我也有意欲擒故纵，眼睛不再老盯着小宇。让他意识到，没有他班级活动照样能进行。当其他同学取得成功时，我便在班里郑重地表扬，既鼓励了参加活动的学生，也有意地帮助小宇正确地认识自己，让他懂得既要看到别人的缺点和不足，更要看到优点和长处，不要以为别人都不如自己。这一招果然奏效。看到别人在积极参与班级活动中的优秀成绩，小宇被触动了，他开始上课积极回答问题了，认真负责值日了，自己天下第一的霸气收敛了不少。

从观察小宇的心理变化，我好像也经历了一次从未有过的体验，感悟到教学相长的真正涵义。如何给孩子们提供一个良性竞争的环境，让孩子们学会赢得支持，学会欣赏他人，既能与同伴展开正当竞争，也能积极为同伴助选喝彩，值得我们去深思。

故事 51：崭新的手套

文 / 赵靖（北京市海淀区五一小学）

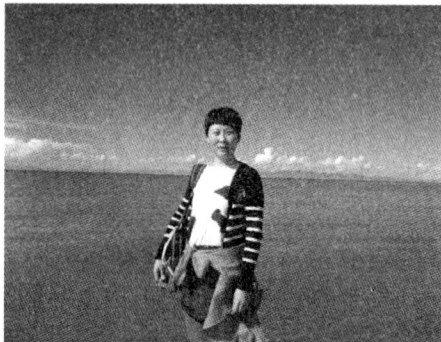

老师不经意的一句话，可能会创造一个奇迹；同样，老师不经意的一个眼神，也许会扼杀一个人才。

记得在刚开学的第一天，为了和孩子们尽快熟悉，课下我带着孩子们玩老鹰捉小鸡的游戏。我大声地对孩子们说："我们找一个女孩子当鸡妈妈。"话音刚落。只听见一个声音从队伍里传来。"为什么要选女生啊，我是男生可以当鸡爸爸啊！""鸡爸爸，鸡爸爸！"几个男孩子听到后跟着喊起来。我顺着声音找去，是一个黑黑的，瘦小的男孩子。他的小脸上脏兮兮的，秋衣一半在裤子里，一半耷拉在裤子外面，一看就是个小淘气。"你叫什么？"我没好气地问。"小淘。"名字都带个淘气的淘，看来不是个好管的孩子，我心里想着。这一天他给我留下了深刻的印象。

果然不出我所料，没过几天他就给我惹了一件大事。有一天的写字课，我一进教室就有同学跟我打小报告。"赵老师，我们的书包都被人翻过了"。"我的铅笔不见了。""我的故事书丢了。""嗡"的一声，我的头猛得涨起来，我知道，最棘手、最头疼的事出现了。我尽量调整自己的情绪，试探着问孩子们："别着急，说说什么时候发现东西不见了？""上操回来就没有了！""我上节课还看见了呢，下课去厕所回来就没有了。"……孩子们立刻炸了锅，七嘴八舌地说起来。"我看见李淘下课在我们位子周围转悠了！"有一个同学小声地说。这句话可捅了马蜂窝，只见李淘"噌"的一下从座位上蹿出来，大步跑到那位同学的面前，双于抓住同学

的肩膀，大力地摇着并且大声地喊："你再说一个试试，看我不揍你！"这
场面把我都吓住了。我赶快过去一把把他们拉开。对那位同学说："没有证
据我们不能冤枉别人！"又对李涛说："你别激动，人家也没说是你拿的
啊！你先回位子，我们一会再解决。"李淘看了我一眼，喘着粗气回去了。
终于制止了一场战争，但我意识到这件事还没有结束，李淘的问题绝不是他
有没有拿别人东西那么简单。一系列的问题在我头脑中闪现：他为什么要拿
别人的东西？究竟是出于一种什么样的心态呢？他的家庭对他的教育是什么
状态？我应该先从了解孩子开始，找到孩子真正的问题根源才能够有的放矢
地进行疏导。于是，我和孩子的家长见了一面。通过跟家长的谈话我了解
到，家里父母从小就不在孩子身边，有奶奶照看，父母感情不好，有了气经
常出在孩子身上。所以孩子常常做出一些不良的举动希望得到大家的关注，
习惯用暴力满足自己的自尊心。看到家长焦急的眼神，无奈的身形，我想起
一位老教师曾经讲过的一段话："关爱像雨露，可以润泽学生干涸的心田；
信任似春风，可以吹开学生禁锢的心扉。"经过反复考虑，我意识到：要想
妥善解决这件事，必须对他施以关爱和信任。经过一番调查，取得了一定证
据之后，第二天课外活动时间，我趁着其他老师不在，把李淘叫到了办公
室。我面带微笑地看着他，他却一副满不在乎的表情，我很难相信一个6岁
多的孩子怎么会有如此不信任别人的眼神，我的心隐隐作痛。我打开抽屉取
出一副崭新的手套，对他说，老师看见你的手套破了，特意给你一份礼物，
不知道你喜不喜欢。我发现他的眼睛立刻散发出了光彩，一边用手摸着手套
一遍疑惑地说："这，这，真的是给我的？""戴上试试。"我边说边给他
戴在手上，"看看正合适！""谢谢，谢谢，真好看！"他反复端详爱不
释手。"好，明天就戴吧！你可以走了！"他站在原地迟迟不动。"有事
吗？"我问。"就是，就是……那些同学的东西是我拿的。因为他们的东西
都比我的好，所以我……""嗯，我知道。你拿完以后觉得高兴吗？""不
高兴，我总是怕他们发现了说我是小偷！""是啊，每个人心里住着一个正
义的小孩，做了错事就会受到惩罚，让你的心里难受！李淘，老师相信你是
个诚实的孩子，你能够主动承认错误，老师一定会帮助你。"我又小声问

道："你还打算把同学们的东西暂时保管在家里呢？还是交给我处理呢？"他说："交给老师处理吧。"第二天，李淘把拿的别的同学的东西交给了我。 为了能够化解李淘与同学们心灵上的隔阂，我召开了一次特别班会，主题是"请大家相信：我能行！"李淘在班会上发了言，勇敢地承认了自己的错误，并退还了大家的东西。我带头向李淘表示了祝贺，其他同学也纷纷向李淘同学表达了各自的祝福……班会结束前，我对大家说："同学们，在生活中每个人都会有犯错的时候，但是只要能主动承认错误，并且下决心改正它，这本身就是一种进步。让我们为李淘同学的进步表示最热烈的祝贺。"同学们纷纷鼓起了掌，我看到了李淘的目光，那是一种自信与勇于改正的目光。

一名教师即便没有能力点燃火种，但绝不能熄灭火种！面对眼前同样充满好奇和天真的孩子们，要珍惜，更要努力让每一个孩子的心中充满阳光，让每一个孩子在爱的抚慰下快乐成长。让每个孩子都"闪光"。

故事 52：真爱无痕

文 / 王燕（北京市海淀区五一小学）

在我书桌的抽屉里，珍藏着几年前毕业的小女孩的一封信，那是在去年教师节前夕给我寄来的："……王老师，还记得我吗？一个胆小、害羞的小姑娘，那时，在语文课上我从来不敢发言，我怕自己读不好，特别缺乏自信。在您的帮助与鼓励下，我终于变得勇敢了，那一次我读完《草原》后，您带着同学们把一阵热烈的掌声送给了我，我拥抱着这些掌声，把它一一收到我宝贵的记忆里。我高兴得不知怎么办才好，我从没有这样高兴过，为这第一次成功而高兴，为自己战胜了胆怯而自豪！我成功了！我迈出了人生重要的一步——战胜了以前的自己！王老师我考上了北大，送给您一枚校徽表示感谢……"读着读着，泪水溢满了眼眶，我想这是欣慰的泪，幸福的泪。

每当拿起这封信，我的心都会为之一颤，一个天真可爱的小姑娘便浮现在我的眼前。

当时接这个班的时候，孩子们四年级，看到他们一张张稚气、调皮又充满求知的眼睛，自己的心中会油然升起一种职业的自豪感，和他们在一起是作为老师，作为班主任的一种幸福。孩子们活泼可爱，每天围着我有说不完的话题，然而渐渐地我也发现，孩子们当中，有一个孩子经常独来独往，常常是一整天也听不到她讲一句话。正是天真活泼，爱说爱笑的年龄，她为什么会这样？一个大大的问号出现在我的脑海，我迫不及待地找到原班主任，详细了解了她的家庭背景以及以前的表现。原来她是单亲家庭，和母亲一起生活。在班里喜欢一个人静静地坐着，无心学习，成绩直线下降，封闭自己，不爱说话，逃避别人。

十多年的班主任经验立刻告诉我，此时迫切需要我做的是在这个孩子身上增加情感的投入，用真挚的情感打开她的心扉。可是从哪里入手呢？

一次偶然的机会我发现了她的声音很甜美，我便悄悄地给她写了一张纸条："你的声音真好听，王老师很喜欢听，也非常希望听到你的歌声，你的笑声，你的读书声。"后来我渐渐地发现她喜欢看着我，好像在用眼睛和我交流，但又有些躲闪。看来纸条发挥了一点作用，还得趁热打铁，继续做下去。

清楚地记得那节语文课的情景，我和孩子们一起学习《草原》这篇课文。教学中，要让孩子感受独特的草原景色之美，感受草原人民的热情好客，体会"蒙汉情深"的情感。这是一篇非常适合孩子朗读的文章，课上一贯喜欢大胆发言的学生争先恐后地举手，绘声绘色地朗读。在和孩子们的交流中，我的眼睛定格在她身上，我观察着她，她时而看看我，时而低下头，想举手又不敢举的样子，但她的表情分明在告诉我很想读一读。我必须给她一次机会，我冲着她微笑着点点头，趴在她的耳边悄悄地说："孩子，王老师相信你一定能读好，大胆地举起你的手，相信自己一定能行！"我用充满鼓励的目光望着她，也许是半分钟，也许是一分钟，在我短暂的等待中，孩子终于勇敢地举起了手，勇敢地站起来大声地读："那些小丘的线条是那么柔美，就像只用绿色渲染，不用墨线勾勒的中国画，到处翠色欲流，轻轻流入云际……"声情并茂，让人陶醉其中！很甜很美的声音回荡在教室的上空，同学们情不自禁地鼓起了掌！我再看她时，可爱的小脸上泛起了红晕，眼神中多了几分自信。我暗自高兴，因为我等来的不仅仅是孩子感情充沛地朗读，还等来了她一节课的神采飞扬。下课后，她悄悄对我说："老师，这是我第一次当着全班读课文，我才知道我能读得这么好。"话语中有快乐，有激动。我暗自庆幸，是耐心的等待和无声的鼓励让孩子体验到了成功！

望着她红红的小脸，我赶紧和她握手向她表示祝贺，祝贺她迈出了人生重要的一步——战胜了以前的自己！我又轻轻地抚摸着小姑娘的头，告诉她："不管什么时候，只有相信自己才能成功！""嗯！"她使劲点点头，愉快地跑了。孩子多像一只小鸟，一只快乐的小鸟！终于可以在自信的天空中自由地翱翔。

一件小事过去了很久，但我的心情却久久不能平静。我常常想，我的一句激励的话，一个鼓励的眼神，对我来说，举手之劳，然而在这个孩子身上竟然产生了意想不到的效果，一个封闭的少言寡语的小女孩最终自信地迈进了北大的校门……我也常想，假如当时我没有关注到她，或者即使关注了而嫌麻烦放弃了她，任她郁郁寡欢，任她封闭自我，那今天的她会是什么样子？……我庆幸我没有忽略她的"特殊"，我庆幸我抓住了一次次"特殊"的机会。教育生涯中还有多少"特殊"的孩子？我想，特殊的孩子有很多，特殊的方面也有很多，关键是，作为教育者，不要用特殊的眼光看待他的特殊，而是做一个有心人，抓住并创造特殊的机会帮助他慢慢转变。

不要吝啬对学生的表扬与鼓励，多给学生一点赞美吧，因为他们明天的成功就蕴藏在你的赞美与鼓励之中。

【专家点评】

因材施教关键在识什么才，施什么教

中国教育科学研究院 张宁娟（博士）

因材施教出自《论语·为政》，是孔子主要的教育思想之一。意思是说，教师要从学生的实际情况、个别差异出发，有的放矢地进行有差别的教学，使每个学生都能扬长避短，获得最佳发展。因材施教，作为一种教育思想，是先人留给后世的弥足珍贵的思想财富，作为教育的核心理念，是古往今来教育人的执著追求。

因材施教的关键环节是"识材"，即充分了解受教育者先天资质与后天条件，这是因材施教能否成功的先决条件。《论语》上有一则故事：子路问孔子："听到了就该去做吗？"孔子说"你总要问一下父亲兄长吧，怎么能听到就去做？"冉有也来请教同样的问题，孔子答曰"对，应该立即行动"。公西华很奇怪，问孔子为什么同样的问题您的回答却是相反呢？孔子曰"冉有为人懦弱，遂鼓励他临事果断；子路逞强好胜，所以我教他谦退"。这是一则非常生动的因材施教的典型例子。北京市海淀区五一小学的老师们在这方面也很有心得。譬如"'聊'开心锁"里，肖书霞老师对于"丑小鸭"的关注、理解与帮助，一句"不打开壶盖怎么能接水？"点醒了整天处在紧张、恐惧中的学困生，让她明白首先要做的不是克服学习困难，而是要让自己的心平静下来，放松心情，学会管理自己的情绪；徐凤茹老师在班级里为爱画画的明明举办个人画展，鼓励他制作富有个性化的英语手抄报；面对不能受委屈的小承同学的坏脾气，宋雅涛老师采取了"冷处理"，等他平静后，才对他说："孩子，任何竞争都会有成功与失败，我们不仅能兴高采烈地迎接胜利，还要学会面对失败和挫折，体育竞赛是这样，将来你走进社会更是这样，因此，我们要学会用积极进取的心态接受成功与失败，只要你能不断超越自我，就是成功！"……是呀，这样的例子在这本书里比比皆是，不胜枚举。受教育者因为成长环境、个人禀赋、兴趣爱好的不同而有所差异，教师只有充分了解学生之"材"，才能因其"材"而施教。

因材施教的重点环节是"施教"，即是在"识材"的基础上采用相应的教育方法，为受教育者打造发展空间，创建发展平台。目前，因材施教的制约因素还很多。譬如中小学超大班额的现状，使得教师难以全面了解和细致掌握学生情况。家长对子女的教育不管不问或是望子成龙，一味追求考试科目成绩的教育现象还很普遍。也正是由于这些现象的存在，才更加彰显出了教师因材施教的美好，彰显出了海淀区五一小学教师们的难能可贵。总结学校教师们的探索，教师在"识材"的基础上如何采用相应的教育方法进行施教，关键在于教师要把握以下几点：

第一，关注细节。细节决定成败，对于幼小的心灵而言，细节更是教师捕捉学生心理、掌握教育节奏、实现教育效果的关键。这就要求教师在常规工作中，无论是班级的日常教育管理，还是解决具体问题；无论是常规的教育引导，还是处理突发事件；无论是面对全体，还是针对个体，都要善于捕捉教育机会，注重教育引导。譬如，肖书霞老师"无意间我发现一只'丑小鸭'的眼中噙满了泪水，我内心不由得有一种说不出的痛。"陈会杰老师发现"爱哭鬼"李博"竟然很爱帮助同学，他把球主动的发给各组，然后就在一边看着。"这些都是老师无意中发现的细节，但也正是教师对于这些细节的捕捉，成就了教师因材施教的第一步。

第二，发挥特长，共同成长。这里有两层含义，既指学生的特长，也指教师的特长。在教育教学中，我们往往过多地关注了学生的特长，却忽视了教师的特长。《教育规划纲要》提出，要为孩子提供适合的教育，这种适合的教育，只有充分发挥孩子的特长，充分考虑到教师的专长，才能实现。当教师以适合自己的方式提供适合学生的教育，这种教育才更显其魅力，才能让师生共同成长。正如江燕老师在"遭到拒绝之后"一文中写道的那样"从观察小宇的心理变化，我好像也经历了一次从未有过的体验，感悟到教学相长的真正涵义。如何给孩子们提供一个良性竞争的环境，让孩子们学会赢得支持，学会欣赏他人，既能与同伴展开正当竞争，也能积极为同伴助选喝彩，值得我们去深思。"

第三，突发事件的应急处理。突发事件的应急处理，考验着教师的爱心、智慧和从教艺术。突发事件处理不当，也极易对孩子造成难以估计的负面影响。譬如，韩梅老师在"一盒彩色粉笔"一文中写道"尤其是在处理一些棘手问题时，我更是提醒自己，要摆正自己的位置，因为稍有不当，就会伤害孩子稚嫩的心灵。"正是在这样的心态下，面对学生气急败坏地撕卷子行为，焦进辉老师才能灵机一动，大声说道："李纪润，你这卷子撕得好！"由此带来了意想不到的教育效果。

第四，时刻谨记教师的职责。教师的职责是教书育人，教师既要有使命感、也要有责任感。我们的使命感来自于我们是启迪心灵、引领人生的导师，我们的责任感来自于我们的一个失误，有可能就"毁灭"一个孩子，我们的一个关注，有可能就成就一个人才。如李欣玲老师在"钱包找到之后"一文中说"参加工作已经有十多年了，处理过无数大大小小的事，但这件事对我的触动最大。作为教师，一切教育行为都应以有利于学生的发展为出发点。面对学生的'犯规'行为，特别是当学生的选择违背教师的愿望时，教师就面对着一种艰难的挑战：用社会角色所赋予的职责战胜自然人性中的不足，以达到良好的教育效果。这应是教师素质的重要方面。"赵靖老师在"崭新的手套"一文中同样有类似的感慨，他说："一名教师即便没有能力点燃火种，但绝不能熄灭火种！面对眼前同样充满好奇和天真的孩子们，要珍惜，更要努力让每一个孩子的心中充满阳光，让每一个孩子在爱的抚慰下快乐成长。让每个孩子都'闪光'"。正是出于教师的职责，黄丽丽老师并没有放弃"人民公敌"，而是选择"用爱的教育拂去蒙在心灵上的污垢，拭亮孩子的心灵，让孩子面对一片湛蓝晴朗的天空，放飞理想和希望"。

第五，不放弃一个孩子。在孔子的教育思想中，与因材施教同样伟大的还有有教无类。它对于国家社会的要求就是人人有学上，人人上好学。对于教师的要求就是不放弃每一个孩子，公平对待每一个孩子。如王燕老师在

"真爱无痕"一文中写道："教育生涯中还有多少'特殊'的孩子？我想，特殊的孩子有很多，特殊的方面也有很多，关键是，作为教育者，不要用特殊的眼光看待他的特殊，而是做一个有心人，抓住并创造特殊的机会帮助他慢慢转变。"

　　本书的这些故事之所以会以圆满收场，原因就在于老师了解他的学生，知道采取孩子们能够接受的方法实现教育目的。这里的因材施教，既是一个梦，美丽的梦，也是一种指导教师教育教学的思想和方法。教师对它怎么痴迷、怎么追求都不过分。

　　因材施教值得教师终其一生去追求，因为学生的成长、教师的幸福就在这孜孜不倦的追求里。

第六章　幸福随行

——课堂德育的故事

苏霍姆林斯基说："在教学大纲和教科书中，规定了给予学生各种知识，却没有给予学生最重要的东西，这就是——幸福。"孩子们也天天唱道：幸福在哪里？幸福在哪里？当仔细读完教师们娓娓讲述的智慧故事之后，相信你一定会领悟到 "幸福地教与幸福地学"的真谛与智慧。

故事 53：六十万的思考

文/莽常燕（北京市海淀区五一小学）

　　每次学生上完美术课、写字课，是我最头疼的时候，原因很简单，因为每次课后，教室地上都是一片狼藉。废纸一张又一张，写字课用的墨水弄得桌子上、地上到处都是，教室里惨不忍睹。教育了很多次，但仍有少数学生不注意。

　　在一次数学课上，给学生讲亿以内的数时，我在黑板上写了这样两个数：400000、600000让学生认读，学生很快就能正确读出：40万、60万。我又对学生们说："同学们，你们知道吗，这两个数字之间还有一个触目惊心的故事呢！大家想听吗？"大家异口同声的回答："想。"

　　于是，我把2006年电视播报的一篇新闻以图像资料的形式展现在大家面前："据中央电视台报道，国庆节后的天安门广场，随处可见的口香糖残迹，显得格外刺眼。40万平方米的天安门广场上竟有60万块口香糖残渣，有的地方不到一平方米的地面上竟有9块口香糖污渍，密密麻麻的斑痕与天安门广场的神圣和庄严形成了强烈的反差。"看到广场上触目惊心的口香糖残迹，同学们都发出了不可思议的惊叹声。于是，我问学生们："看到这些，你们有什么感想？"同学们有的说："人们太不注意保护环境卫生了。"有的说："天安门广场是神圣和庄严的，不应该随便丢垃圾，口香糖应该用纸包好扔到垃圾箱里。"还有的说："这是不文明的表现。"我马上说："同学们说得太好了。大家都知道，口香糖粘在地上是很难清理的。为了还天安门一个清洁的环境，很多环卫工人手拿小铲，费力地铲着，累得满头大汗。"我又让学生们看了电视中环卫工人手拿小铲铲口香糖的画面。

　　看到环卫工人辛苦的工作，同学们内心沸腾了。我趁热打铁，接着问："咱们班有这种类似不文明的现象吗？"学生们马上想到了平时随地乱扔纸屑、脏物的现象，并对其中不文明的学生提出了批评。我特别强调在上美术课、写字课时，一定要注意保护环境卫生，垃圾及时清理，废纸脏物要扔进垃圾桶，我们每个同学都要从生活中的这些点滴小事做起，做文明的小学生。我语重心长地告诉学生："一滴水蕴藏着大海的本质，一束光反映了太阳的光辉，一件小事也能折射出一个人的修养。文明习惯是靠我们在日常生活中一点一滴养成的。希望我们每个同学都养成良好的文明习惯，做讲文明的小学生。"

　　这件事后，我班同学相互监督，班级卫生等各项情况都有了很大改善。一节数学课，学生们不仅学会了知识，也培养出了很多文明小使者，真是一举多得！

故事 54：不一样的数学课

文 / 宋有青（北京市海淀区五一小学）

在历经了一年的课程建设之后，终于进入实践应用阶段。在数学的教学改革过程中，出现了一种崭新的教学形式——自学互学。在这种类型的课堂教学中，倡导将学习的主动权、时间、空间都尽可能地交给孩子们，让学生走上讲台，学生们互动交流，同时严格规定：老师的单纯讲授时间累计不得超过十分钟，这给每一个数学老师带来了极大的挑战。

我虽然是一个具有多年教学经验的老师，但是面对这种"不许讲课"的新课型，感到特别矛盾与纠结：这样行吗？学生的认识层面不够，老师不讲，他们的思考能有多深？学困生怎么办？老师天天讲着还不会呢……办法总比困难多！我要求自己：每一节数学课上都尽最大努力把舞台让给学生，让孩子施展自己的才华，学生能干的事情老师决不包办代替！设计导学单，组建学习小组，培养学生的合作能力，锻炼口头表达水平……忙得不亦乐乎！

在一节《直柱体表面积复习课》上，我精心设计了导学单，并提前布置给学生进行课前自学。上课后，我像往常一样走到学生中间，将讲台留给学生。小组交流之后，将自己的学习成果当众发布，其他小组的学生专心致志地倾听，不时举手进行补充。当这个小组汇报完毕时，学生都静静地看着我。我问大家："还有补充吗？"学生们都摇摇头："没有了。"这怎么行！这样的复习只是浮于表面，没有任何深化与提升！看来要我出马了！想到这里我缓步向讲台走去，边走边说："长方体、正方体和圆柱体的表面积之间有什么关系呢？这三个公式有可能合并一下吗？"我的脚还没有踏上讲台，就被一个学生叫住了："老师，您先别讲，让我们想想！"这时，别的学生也纷纷应和着。我看到，孩子们又聚在一起，热烈讨论起来。不一会儿，一个小组兴奋地跑到讲台上，大声说："大家停一下，我们有发现了！正方体和圆柱的表面积公式可以合并成一个，都可以用侧面积加两个底面积！正方体的外圈四个面加起来就是它的侧面积！"一边说，一边在黑板上画起图来。"哦，对啊！"一石激起千层浪！同学们忍不住给这个小组鼓起掌来！这时，一个学生自言自语地说："三个公式变成两个了……还有可能再合并吗？"大家都兴奋地思考起来，教室里逐渐安静下来。忽然，一个小组的学生说："宋老师，我想用一下您的教具行吗？"我微笑着说："可以啊，你自己到讲台上挑吧！"他走到讲台前，拿起长方体和圆柱体模型教具，左看看，右看看，摆弄起来。"我知道了！"在台下的一个孩子和他不约而同地喊起来！其他同学仍旧一头雾水。我用微笑和手势轻轻阻止了两个跑到前面准备讲解的孩子，示意让他们等等大家，让其他同学再想想。没过多长时间，孩子们纷纷交流起来："长方体的前后左右四个面也是长方体的侧面积啊！"看着同学们满脸的兴奋，我继续引导学生思考："道理是一样的，可公式还是很不同啊！""可不是吗！怎么把公式统一起来呢？"这可难住了大家。静静思考的背后是火热的探究！孩子们跨小组讨论起来，不一会儿，几个孩子跑到讲台上，在黑板上写下了："S长、正、圆柱=底面周长×高+2S底"，一个学生用调侃的语气问大家："谁能看懂我们的想法？""什么意思？""……"短暂的沉默之后，越来越多的学生七嘴八舌地说起来："长方体的侧面展开就是一个长方形嘛！长就是底面的周长，宽就是高；正方体也一样！""这三个公式还真能合并成一个！"在兴奋交流的声音中，出现了两个"不和谐"音符："这是怎么回事啊？""这个公式只能计算长、正方体和圆柱的表面积吧？"这两个问题问得太好啦！我及时捕捉到这两个想法，并提交给全班继续讨论。随着研究的不断深入，直柱体特征在学生主动探究的过程中逐渐建立并清晰起来。更令人欣喜的是，在"新问题产生——问题解决——新问题产生"这样循环往复的过程中，学生的认识也在逐步加深，连学习有困难的学生都学得聚精会神，津津有味！

每每回想起这节课，我都觉得心潮澎湃：这节课上，我的语言全部加起来不足五分钟，而且都是在关键处的点拨。课上，我勇敢地退出去，为孩子留一片空间；学生遇到问题时，老师再适时地站出来，为学生进行点拨，引发他们更为深入的研究。无论从学生的表情还是与学生的交流中，我都惊喜地发现：学生对这样的上课方式感兴趣，孩子们的能力提升了，也越来越自信了，小组内的互学越来越有实效性了。用孩子的话说："我能把我的想法表达出来与学生分享，我喜欢！"孩子们期待这样的课堂，课堂为孩子的高飞插上了翅膀，而我参与其中，也分享着他们探究的乐趣，顿悟的快乐。见证孩子们不断成长的同时，我欣喜地发现，自己也得到了长足的进步！

故事 55：等待花开花必开

文/闫宜端（北京市海淀区五一小学）

每每提到××，我都会有说不完的话。

第一次接触××是在入学前的家访，无论用什么方式引导她说话，她始终保持沉默，还很扭捏。家长向我介绍了孩子的情况，对于今后的学习，家长态度是顺其自然。家长最为担心的是到班里别的孩子看到她的不同，会不会嘲笑她？讥讽她？歧视她？我向家长保证，一定会在力所能及的范围内保护她，不让她受伤害。开学第一天，我惊喜地发现，她能听懂老师说的话，心中暗自欢喜，生活上不需要特别的照料，就可以把心放在其他方面照顾她。

最开始还真没有什么分寸，不知道做到什么程度××的心里是可以承受的。记得开学初的一次收本，因为要得急了些，她竟然无声地哭泣了，泪滴挂在脸颊，此时才记得她的与众不同，真是后悔呀！

刚上学的小孩子可喜欢在课堂上回答问题了，小手举得高高的，希望老师叫自己回答问题，而××从来不举手。平时提问可以绕过她，做个开火车的游戏却绕不过她的组。到她了，她坐在那里不起来；请她起来，她站在那里不说话。只好又请她坐下，告诉她后面的同学，以后遇到这种情况，可以等等她，如果她不起立，不回答问题，就可以跳过她。我想这种情况回避她，是一种保护，有时候等待对于她来说也是一种教育。由于事前跟同学们打了招呼，班里的同学没有人欺负××，反而是她需要帮助时，坐在她周围的人会主动走过去帮助她。在平时的学习中，我总是安排她身边的同学和她一组，小组讨论时她不说话，我就要求她注意听别人的发言就好了，动手操作时小伙伴也会带着她做，课堂上也会把几个同学都回答过的问题再请她说，这时我会走到她身旁，轻轻拍拍她的肩等待着她的回答。班上的同学就在一旁安静地等待着，老师用这种方式让她融入课堂。

随着年级的升高，××在学习上有了明显的进步，虽然依然比不上班里的其他同学，但她顽强地学习着。记得一次数学口算40道题，××全对了（不考虑速度）！我当着全班同学的面表扬她。没有人提议，全班同学自发的为她鼓掌，而××也在掌声中腼腆地笑了。看得出，在长久的相处中，孩子们早把她看做班级中不可或缺的一员，她的每一点进步都让大家高兴，会情不自禁地把掌声送给她。

传说中每个孩子都是一位天使，带着一对美丽的翅膀在天堂飞翔。××，就像是折翼的天使坠落凡间，虽然翅膀受了伤，但她依然渴望飞翔。在学校教学中，老师们是用爱帮她修复翅膀的人，帮助她享受和普通孩子一样的学习权利，享受成功，让她也能轻舞羽翼，快乐飞翔。

故事56：改变，从"无米之炊"开始

文 / 李胜颖（北京市海淀区五一小学）

在作文课上，我们总会看到这样的场景：有的学生奋笔疾书，有的学生凝神思考，也有的学生东张西望，还有相当一部分皱着眉头、咬着笔头，迟迟下不了笔。每当面对这种情况，我都在思考：为什么孩子一提起写作文都畏之如虎？归根到底，是他们平时对生活的关注不够，缺乏写作的素材，总沉浸在自己的小圈子里，缺乏观察的意识，更不会主动去积累。那么我应当怎样引导他们学会观察、善于思考，改变这种"无米之炊"的现象呢？

一天上午，我正带领学生做课间操，无意中瞥了一眼天空，发现空中的云彩很有特点，忽然心里有了一个主意。课间操结束后，我没有马上带学生回班，而是让大家仔细观察云彩。孩子们好奇地观察着蓝天中的片片云朵，我分明看到，生活中常见的现象此时正叩击着同学们的心灵，一种大自然最本真的情感和孩子们的心一起跳动着。我适时地提示他们："可以从云彩的形状、变化过程去感受，写一句话也行，想想你最想对云彩说什么？"回到教室后，我让学生写一写刚才的观察结果，同学们一改往日愁眉苦脸的表情，教室中安静得只听得见"沙沙"的写字声。每一个学生都在认真地写，连平时不爱动笔的孩子也写出了比较好的句子。有的学生写道："一朵朵洁白的云聚拢在整个天空，随着微风轻轻地吹，聚集而来的云渐渐散开了，露出湛蓝的天空。散开的云成条状，有的像海浪，有的像木棒，还有的像一条条游动的鲤鱼。云的样式真丰富啊！"看着那一句句优美的描写，我的心里特别高兴……看到同学们意犹未尽的样子，我随即更改了家庭作业，让他们每天观察天空的变化，并把看到的、想到的写下来，这样的作业受到了孩子们的喜爱，同时也让他们懂得了观察和随时记录的重要性。

此后，我让学生每天看报纸、听新闻，选取自己感兴趣的内容记录下来，并发表自己的看法；用心观察自己身边发生的事件，把自己印象深刻的事情用简明扼要的语言写下来，同时从不同角度把自己从事件中得到的启示写一写，作为习作素材积累下来。由于出发点不是作文，所以学生不觉得难，每周做一次很容易。一个学期下来，每个学生至少可以积累十多个素材，这时再要求他们从自己的素材积累中选取一件进行详细描写，他们就不会觉得没东西可写了。例如，有的学生写到了班级中发生的事件："前不久，班里有个同学带来一袋子小气球。他把吹满气的气球灌满水，再在气球的末端打个结，这样，一个'水气球'就做好了，同学们看着都觉得很有趣。没过几天，全班同学都迷上了'水气球'，几乎每个人手里都有2、3个。这引发了我的思考：首先，我觉得整整一袋子气球，怎么说也有百八十个，要是每个气球都充满了水，那多浪费啊！其次，如果水气球被捅破了，水就会洒到教室的地面上，稍有不慎，大家就很容易滑倒、摔伤。再次，课间休息时，沉甸甸的水气球很有可能在玩耍中打到同学，引起双方的矛盾。最后，人人都对水气球爱不释手，上课时难免会忍不住拿出来玩，这样就会分散注意力，影响听课的质量。"这样的练习，既培养了同学们的观察力，也促使他们去深入地思考问题。

突发事件也成了我教孩子观察、记录的很好的契机。有一次，一只体型硕大的马蜂飞进了班，顿时同学们"疯狂"了起来，班里乱成了一锅粥。我饶有兴趣地看着孩子们与马蜂作战……事后，我便留了写写这次经历的作业。没想到大家交上来的习作随笔比平时的都生动了许多，有的学生写道："一位'不速之客'让班里热闹了起来……让大家惊恐万分，有的大声喊叫，有的来回奔跑，胆小的都在椅子后面藏着，或者逃到班外面去了……黑色的马蜂，仗着会飞的本事，在空中转来转去，不甘示弱，它左转右转、上飞下飞的，好像在说'气死你们，哈哈哈！'"

要想孩子们改变，变得爱写、会写，就应多一些生活积累，善于发现，用心体会生活，品味生活中的点点滴滴，教会他们做"有米之炊"。生活中处处都是平凡事，只有从平凡中去体会，才知道生活的不平凡。生活化的作文教学不是老师精心"备"出来，而是产生于我们的日常生活之中的，它绝不是一板一眼"正儿八经"的作文指导。教会学生细心观察生活，才能体会人生，才能有作为。

故事57：国画课上的欣喜

文/董秀丽（北京市海淀区五一小学）

经常听其他学科的教师羡慕地说："你们的课好上，不用从头讲到尾，学生又感兴趣。"我笑笑，心想要是真能让每一节美术课轻松愉快又有良好的效果，这个美术老师肯定不一般。美术课要上好，还真不是那么容易，课前的精心准备，课堂的情景创设、环节安排、个性辅导、多样评价以及课后的反思等等一样都不可少，都需要我们下工夫来思考、推敲。

记得那是上写意国画的时候，户外阳光照射在教室的玻璃窗上，给教室增添了一抹亮丽的色彩；此时教室里学生的心情与天气一般灿烂。在绘画之前，我首先讲解、演示了几种墨与色的变化，及墨色混合的作品。接下来让学生尝试绘画，一会儿，学生们每人已完成了好几张习作，他们把自己的得意之作放在靠窗的桌子上等着晾干，意犹未尽地又拿出新纸开始继续作画……几分钟过去了，再回过头看看自己的作品，却惊奇地发现，经阳光一晒，作品的墨色变浅了，但笔触明显，没有了刚才湿润的光彩与韵味了，一切变得平淡无奇，感觉甚是遗憾。

这时，我随手拿了一幅画，高高举起，对大家说："这幅画刚才的墨色很艳丽，现在为什么变淡了呢？"学生都不知是什么缘故。我又拿起一幅未完全干透的作品，对着窗户一照，光线透过纸背，画面的墨色比刚才淡多了。学生们露出了疑惑的眼神，这时，我把平时的国画创作心得抖出来："同学们，在画国画的时候，不仅要画出形体也就是物象，还要注重意境、笔触，更要注意墨色的浓淡，在绘画时墨色比你想要的效果要浓一些，干后就会变得和你预想的差不多了，否则就会达不到你的预期效果。"学生们听后又开始认真的调墨色绘画了，我让画完的学生把画贴到黑板上展示，很快黑板上贴满了，多数同学画完了见没地方展示自己的作品，都非常着急，这时，有个学生说："老师，我们把画贴到玻璃上吧"，我说可以呀，对着太阳的玻璃窗上很快贴满了作品，在阳光的映耀下，显得朦胧迷离意境深远，有个学生说老师我们举办个画展吧，就叫"朦胧画派"，我对学生的提议大声叫好，让班里所有的学生都来当观众、当评委，学生们一下子沸腾起来，纷纷当起了小评委小观众：你的画墨浓了些，他画得不太像，这幅墨色刚好有意境，那幅画表现手法太好了墨色靓丽笔触鲜明……他们个个都像是一个美术鉴赏家，津津有味地、眉飞色舞地欣赏评述着自己的杰作。

快下课了，我按捺住自己万分感慨的心情，请同学们静下来，在同学们期待的眼神中说："同学们，对于今天的兴趣课，你能发表一下自己的感受吗？"

学生1："我的几个好朋友都说我的作品太美了，希望我能画几张送给他们呢！"说完自信地笑了。

学生2："今天，老师我们都当起了小评委小观众，举办了班级画展，还表扬我们有创意，让我们很有成就感，老师谢谢您！"

学生3："今天，虽然我没能够画出很好的作品，但是我有信心，下次一定画出让大家满意的作品，展览给大家看，老师，我有机会的，是吗？"我点点头……

下课了，本以为学生的国画课会到此为止，意想不到的事情发生了，他们对自己的作品是如此的自豪，对自己的创意是如此的在意与珍惜。只见两个平时画画不太认真的"小调皮"这时正在教室里大声地喊："快来！快来！免费参观！免费参观……"我站在一旁偷偷地看着，发现学生都在把自己的好朋友叫到自己的作品旁，神气十足的评价自己的作品："这边稍淡了点，那边浓了点……"小画家的脸上写满了骄傲与自豪。要知道很多学生从来没有这种待遇呢！今天，他们是这个舞台的主角，他们在兴奋与成功的娱乐中学到了美术知识。

　　要上好一节美术课，就要充分树立学生的主人翁意识，使严肃的课堂变得生动活泼，给学生的学习带来无穷的乐趣，让他们在游戏中玩、在游戏中乐、在游戏中学、在游戏中成长、在游戏中益智。我想这即尊重了学生的愿望、乐趣、情感，又激发起学习的热情，会给今后的课堂教学带来新的契机。

故事 58：孩子，你在想什么

文 / 高红梅（北京市海淀区五一小学）

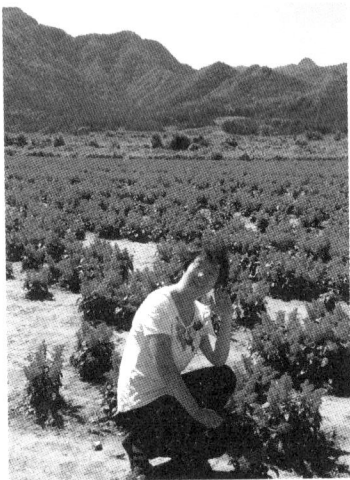

明天又要讲分数问题了，这部分内容既重要又很枯燥，以往教学中，任凭老师如何精心制作课件，如何精选练习题，孩子们都提不起学习的兴趣，弄得老师们经常忍不住埋怨："这么重要的课却不好好听，真不知道这些孩子们在想什么！"

是啊，孩子们在想什么呢？我轻轻放下手中的教案，教案就是设计的再精彩，孩子们不听，又有什么用啊？"我要知道孩子们在想什么。"一拍脑门，我急匆匆地赶到教室，随手拉过来几个孩子，出了一道分数问题。孩子们先是一愣，然后都陷入沉思。我刚要说话，一个孩子马上说："您先别说话，让我们想想。"看到孩子们个个紧锁双眉几次我想插嘴，都被同学们制止了，"给我们点时间，我们再想想。"这句话这么耳熟啊，对了，去年教学这个内容的时候孩子们好像也说过这样的话，可是因为老师想着时间紧，任务重，没有给孩子们想的时间，就着急往下讲了。"好了，我不说了，今天我倒要看看孩子头脑中是怎么想的。"本以为孩子们会有这样、那样的问题，可是过一小会儿，就有孩子想出来了，陆陆续续地举起了小手，一个孩子还有些不明白，另一个孩子自告奋勇地当起了小老师，又是画图又是举例的一通忙乎，终于几个小孩都做出来了。我问："解决问题的过程中，你们都想了些什么呀？""我们开始时不会，后来想了想您教给我们的办法，就画画图，想想以前的知识。""你多给我们点时间，我们就能想出来，您得相信我们！""我觉得同学给我讲的我全听明白了，他说的话我全听懂了。"看着孩子们自信的眼神，我对明天的课充满信心："如果明天学习类似的内容，你能给老师点建议吗？""老师，我想自己锻炼着做这些题目，我只要努力想，一定能想出来！""您讲可以，一定是我们绞尽脑汁想不出来的，我们不希望您马上告诉我们答案！"这个孩子比划着，做着想不到的滑稽动作，逗得周围的学生全都笑起来。

　　了解了孩子们的需求，我重新构思这节课的教案——毕竟，孩子们想要什么样的学习才是最重要的！

　　再上完这节课，我高兴地长出了一口气，孩子们表现精彩极了，有的孩子用画图法，有的孩子用方程，有的孩子用假设法，一节课孩子们发挥自己的特长，积极思考，踊跃发言，给孩子们空间的同时，孩子们还回我们一个惊喜，虽然下课了，但喜悦还闪现在孩子们的脸上，没有维持纪律，孩子们个个听得津津有味，讲得头头是道，再没有玩橡皮的，不听讲的孩子了。

　　我喃喃自语到：不怨孩子，不怨孩子啊，怨我不知道孩子们想什么啊！

　　以后的我，每逢遇到比较重要的学习内容，都会顺手拉过几个孩子："孩子，遇到这样的问题，你在想什么？"

故事 59：渴望小五星的小姑娘

文／祁建华（北京市海淀区五一小学）

我们班有个叫张元的小姑娘，文静可爱。可她学习数学却有很大困难，数学课上不爱发言，每次的作业总会出错。她性格内向不爱说话，但从她的眼神里我能看出她并不喜欢学数学，我也没有因为她数学成绩不好而批评她。一天我在判数学作业时发现张元的本子上原本写的不怎么好的作业上却画了一个小五星。我开始有些怀疑难道是她自己画的，又一想不会的，她是个很好的孩子，也许是我笔误，就没理会这件事。

过了两天我判作业时又发现张元的本上多了一颗星，这次可引起了我的注意，仔细观察一下这颗星，没我画的那么熟练，笔的颜色也和我的不一样。于是我把宋元叫过来问她："谁给你画的星。"她的脸一下子就红了，就是不说话，我又说："我认识我画的星，这颗不是我画的。"她这才吞吞吐吐地说："是小李给我画的。"班里的同学听见了也说："对，是小李画的。他有一支红笔还在自己的本上画了好几个星呢！""不是，张元本上的星是她让我画的。"我问："你为什么让他给你在本上画星呀！"这时宋元不说话唯一的回答便是眼泪。我心平气和地说："祁老师不批评你，我只想知道你怎么想的？"

在我的劝慰下孩子说出了自己的想法：原来性格内向的她，渴望在数学上取得好成绩，渴望得到老师的表扬，渴望老师在她的本子上画一个帮她找回自信的小五星。让别的同学帮她偷偷地在本上画，用来激励自己的。听了她的话我明白了，原来张元并不是自己故意的，可能在学数学方面真的存在困难呢？于是我一边耐心的询问她学数学的困难，一边告诉她：人不是天生就能干好每一件事的，都是在困难中成长起来的，但是不能用自欺欺人的方法去实现愿望。从和宋元的对话中我知道了一些学不好数学孩子的困惑。

针对这种情况我试着调整教学方法采用学生容易接受的故事，比如，在教学《米与厘米的整理复习》时，可以讲这样的一个小故事：在数学王国里，米和厘米是好朋友，一个胖胖的、高高的，另一个瘦瘦的、矮矮的。可是有一天他们争吵起来，米说他的本领大，厘米说他的本领大，于是他们请数学王国的法官作评判。法官说："请你们说出自己本领大的理由"。米大声说："我的本领大，例如：跑步比赛中有100米、200米、800米和10000米比赛，跨越长江的大桥和上海东方明珠的高度都是以米为单位的。"厘米也不甘示弱，他说"门的高低、书本的大小、精密仪器的测量都是以厘米为单位的，所以我的本领大！"法官听后笑着说："你们不要争了，大的方面要米去测量，精确的测量需要厘米，不同的时候需要不同的单位测量，你们都很重要，希望你们以后更好地为人类服务！"学生听完故事后，觉得数学很有趣，都纷纷表示要认真学习数学，将来我的数学课上我会编更多搞笑的数学故事与大家分享。

此后像张元这样的同学对数学有了兴趣，事实证明不愿意学习的学生到处都有，不爱听故事的学生却很少遇到，将数学知识融入故事中，从学生的生活经验入手，结合学生的年龄特点，既能激发他们的学习兴趣，又能引发学生的感情。

故事 60：田老师，这节课的感觉真好

文／田桂梅（北京市海淀区五一小学）

下课了，我依然在学生中间判作业。这时，小畅跑过来说："田老师，这节课的感觉真好！"他一直是个学习比较困难的学生，尽管上课也能够认真听讲，但就是对数学知识不敏感，有些问题别人能够听得明白，他却怎么也弄不清楚。能够听到他的感叹，也很出乎我的意料。看着他那张洋溢着幸福的笑脸，我追问道："你感觉好在哪里？""我感觉这节课学习的除法竖式挺有意思，也挺简单的，我一节课回答对了好几个问题呢！""那是因为你专心听讲的结果，加油啊，你会感觉越来越好的！"我轻轻拍了拍孩子的肩膀鼓励着他。孩子高兴地冲我点点头跑开了。

回顾本节课，教材安排的是从学习整除引出除法竖式，然后再学习有余数除法的竖式。我在以往教学除法竖式时感觉整除不利于学生理解除法竖式中每个数的意义，但是有余数除法便于学生理解。我们班的学生在上学期对于有余数除法也接触过，试商也不成问题，因此，我决定从有余数除法引出除法竖式。整节课我和孩子们在操作中感悟，在比较中提升认识。从课堂测查结果来看有85%以上的学生掌握得特别好。本单元7节课的课时，按照我的计划5节课完全可以完成任务。

我清晰地记得：在上课时，我请同学到黑板上板演，小畅忐忑地举起了小手，我看到他一会儿把手掌伸直，一会儿又弯曲了，这种纠结的心理反应出孩子的不自信，也反映出孩子是积极要求进步的，我捕捉到这个信息后，迅速来到他的身边，查看孩子的情况，我发现他今天竟然真的写对了，我在孩子的耳边轻声说："你写的完全正确，相信自己，大胆地去黑板上写

吧！"小畅写得特别认真，当他写完后，我让同学们对他的表现进行评价，有的孩子说："小畅，你的书写很认真，我要向你学习。"还有的说："小畅，你今天进步真大，写得非常正确，加油……"我想：来自孩子们的鼓励更加真实、生动，也最能打动小畅。我也表扬他的书写既正确又很美观、大气。孩子在同学们的掌声中非常自信地回到自己的座位上。当时我只顾讲课，没有注意到孩子受到表扬后的表情，但是从他下课后那一句真实的感受中，我能想象出孩子在本节课获得了积极的情感体验。这一次有意和无意的安排，一定会在孩子心中埋下一颗自信的种子。

我们要做一名智慧型的教师，要有一双能够发现学生闪光点的眼睛，要有一颗宽容博大、爱孩子的心。要关注我们教学中的每一个细节，特别是那些需要帮助的孩子，只要我们能发现并真诚地赞扬他们的进步与优点，他们同样可以享受到获得知识后的喜悦与幸福。我们也可以幸福着他们的幸福。

故事 61：我的识字集

文 / 刘晓秀（北京市海淀区五一小学）

今天学习《彩虹》，教学生运用"部件识字法"来学习识字。根据汉字的构字规律，通过"加一加、减一减、换一换"，利用拆分和组合汉字部件的办法，教给学生识字的技能。

我在黑板上写了个"青"字，让学生加上部件，组成尽可能多的字，有的学生加上"日"旁，组成"晴"字；有的学生加上"目"旁，组成"睛"字；有的学生加上"讠"旁，组成"请"字；有的学生加上"氵"旁，组成"清"字；还有的学生加上"忄"旁，组成"情"字……

我把孩子组成的"青、清、请、情、晴、睛"这些字写在黑板上，排成一排。只见一向发言积极的小坤却异常沉默，托着下巴似乎在沉思着什么，过了一会儿，他举起了小手："老师，我有一个方法可以记住这一排的字。"

"什么方法？说给大家听听。"我笑着鼓励道。

"我把这几个字编成了一首儿歌：'草青青，水清清，我请你来做事情，太阳高照是晴天，看清东西用眼睛。'"他一字一句地念道。

全班的孩子都为之咋舌，我既意外又惊喜，想起了刚看过的《给教师的建议》里苏霍姆林斯基说过的一句话来："人的内心有一种根深蒂固的需要——总感到自己是一个发现者、研究者、探究者，在儿童的精神中，这种需要特别强烈"。

"凌艺坤真是个爱动脑子的孩子，其实识字的方法很多很多，想想自己认字的经历，谁还有其他的认字方法和大家分享呢？"我问道。

"我还知道能用猜字谜的方法来认字。一口咬掉牛尾巴（告），十字尾巴弯弯，算算比十少三（七），头上两只角，整日田里跑，张着一大口，凶猛又可怕（兽）。"朱宇宸一口气说了好几个。

"三人共一日，百花齐开放。（春）"

"还有，我也知道，一只狗，两个口，谁遇它，谁发愁。（哭）我昨天晚上在谜语书上看到的。"

……

顿时教室里如炸开了锅，你一言我一语，字谜满教室开了花。

"我还知道可以用编字的方法来认字。一点一横长，小口顶住梁，大口张张嘴，小口往里藏。（高）你教我们认识'高'字的时候说的。"小楷几乎在抢着喊。

"我也会，一点一横长，一撇到南洋，南洋有个人，只有一寸长。是'府'字，政府的府，我们还没学过呢！"王梓衡一脸的自豪，说着还跑到讲台上，在黑板上写下了一个大大的"府"字。

赵凡跑到讲台上，说："老师，我还知道可以用画画的方法来认字。"这是个酷爱画画的男孩子。

"是吗？你画画让大家看看。"

只见他拿起红色的粉笔画了个太阳，在旁边写上"日"，用黄粉笔画了个月亮，在旁边写了个"月"，画了条小鱼，写上"鱼"，画了一只站在树枝上的小鸟，写了个"鸟"，还画了一只弯着头的禾苗，写了个"禾"。

"这些字太简单了，我们早认识了。"

"是啊，我们书上就有这样的方法的。"

"这叫象形字。"……

很多孩子在下面叽喳起来。

"这也是认字的一种方法，在以后的识字过程中，你们也可以模仿古人造字，说、写、画、想融于一体，不仅识记了字形，还能体会到象形字的奇妙和古人的聪明才智呢！"我带头鼓起掌来。

"老师，我想到了《齐白石题字见客》的故事了，我们寒假作业上读过的'闷'和'闲'。"闫德霖说道。

"啊！对，对，齐白石在门上贴了一个心字，门里一个心，就是'闷'字，意思就是说他心情不好，闷闷不乐的，所以，他的学生们就没有打扰他。"

"就是啊，第二天，门上的心字不见了，换成了个木字，门里一个木，就是'闲'字，意思就是说他今日清闲了，所以，他的学生们就去拜见他了。"

孩子们你畅所欲言，各抒己见。

"是啊，中国的汉字真的很奇妙，一个汉字可以是一首诗、一幅画、一首儿歌、一个故事。识字的方法很多很多，你可以根据自己的生活经验和识字积累，发现并运用自己喜欢的识记方法。除此以外，也要做个生活中的有心人，从生活中日用品的名称、标志和产品说明书内容中，从路上的标牌，广告中，在电视上，包装纸上，报纸上，杂志上……在你每天读的故事书中，多观察，去总结，提高自己的识字水平。过几天，我们还要举行一次识字大擂台，看谁能荣登我们擂主的宝座，好吗？"我也被孩子们的情绪感染了。

"好！"一片欢呼声，震耳欲聋。

过了两天，孩子们个个举着识字本让我看，我眼前一亮，一本本识字集很精美，"一本书"、"一颗心"、"一个枫叶"，"一把钥匙"、"一艘小船"、"一棵向日葵"、"一个小脚丫"……设计的图案，运用的色彩，搜集的字样，真是形形色色，各式各样，字的来源途径更是丰富多彩。我拿出相机拍下了瞬间，并将孩子们的作品进行展示粘贴，孩子们看到自己的识字集被展览，个个乐得合不拢嘴。

接着我收到了家长的一段话："刘老师：您好，从您要求建立集字本后，张和扬非常积极，兴趣很高，无论宣传图片，还是物品说明，都一一收集，仔细认读，按形状大小粘贴本中。感谢您创新的教育方法，激发了孩子主动学习的热情，让孩子关注身边的知识，并点滴积累，树立起良好的学习习惯。感谢您（张和扬妈妈）！"

　　看到这段话我很欣慰，因为我的识字集得到了家长和孩子的认可，激发了孩子们的识字兴趣；拓宽了多种识字途径，增大了识字量，培养了自主识字的能力，把多种识字成为一种习惯。

　　其实孩子们真的很有潜能，也真的是需要激发。我想，理想的教育应该带给他们快乐的享受，情感的升华，理想的憧憬！

故事 62：一次小小的鼓励改变了她

文／杨璐（北京市海淀区五一小学）

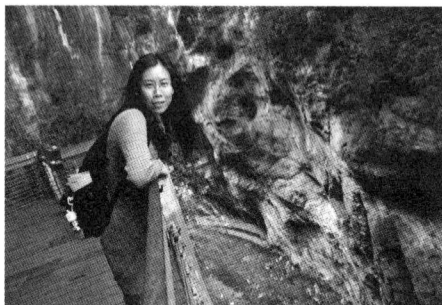

转眼间我已经工作七年了，这个时间算不上长，但对我来讲也不算短了。在这七年间，我也遇到了一些让我难忘的学生和事情。小茜就是他们其中之一。那时我刚大学毕业，走上讲台，遇见了她。她是个活泼开朗，特别爱说爱笑，有点男孩子性格的女生。大大咧咧的她课下总爱跟男同学们玩在一起。可是一上数学课，她就变得特别"文静"，甚至有些怯懦。时常低着头，生怕她那双炯炯有神的小眼睛晃到我似的，说起话来也有些结结巴巴的。

平凡的生活中总是充满了惊喜，令人意想不到。这是一个深秋的上午，有些多云，教室里正在上着数学课。忽然，一道"解决问题"难住了大家。这时，我一边启发和鼓励孩子们，一边寻找着。等待总是显得那么漫长，突然一道"亮光"划破了教室里的凝静，小茜微微的举起了小手，她左右看了一眼，刚要把手缩回去，我一个箭步跨到她身边"好样的！小茜最勇敢！说说你有什么想法？"小茜犹豫地站了起来，就在我刚要再次鼓励她的时候，班里有几个男孩子对小茜发出了质疑的声音。在这关键时刻，我力挺小茜，"今天小茜能够勇敢地表达出自己的想法，老师先要为你鼓鼓掌！同学们，认真倾听别人的表达，不仅是给了别人一个表达的机会，也是给自己一个思考的机会。"于是，小茜有些"受宠若惊"，她略显慌张地表达了自己对这道题的一些想法，我立刻肯定了她正确的部分，顿时在她已经涨红的小脸上露出了笑容。惊喜就是来的这么突然，予小茜更予我。

从那以后，小茜总是数学课上听讲最认真的学生，发言也日益积极起来，只要有想法就愿意表达出来与大家分享，恢复了她本来的性格。当然她也有答错的时候，这都是难免的，但无论对错我都是以鼓励为先，于是她变得越来越自信了。

学期末，小茜的数学成绩进步很大。放假前，小茜的妈妈特意找到我，她对我说："小茜以前不是很喜欢数学，因为她一直觉得数学学得不是很好。但是有一天放学回来，她特别高兴地对我说：'妈妈，妈妈，今天数学老师表扬我了，夸我勇敢，说我的想法对！'我当时听了也特别为她高兴，孩子可喜欢您了！她现在特别喜欢学数学，一到家就先写数学作业，不会的非得弄明白了再吃饭。还主动给自己补充些练习。我真得好好谢谢您！"听到这些，我的心里美滋滋的！

小茜小升初的时候，她和妈妈商量，给自己挑选了一所在数学方面有特色的中学，她说她对自己的数学很有信心，她相信她能学好。后来，小茜如愿考上了这所中学。我在祝贺她的同时，也为自己感到骄傲。帮助一个孩子重拾喜爱数学的信心，是我最大的成就。其实这并不难，就是从一次小小的鼓励开始。

故事 63：一张小纸条儿

文 / 孙伟娜（北京市海淀区五一小学）

又是一堂课结束了，抱着一摞作业本，把它们重重的摞在办公桌上后，我长长呼出一口气，咕咚咕咚喝完一大杯水后，抓紧时间判作业。眼睛盯着一本本作业，手里打着勾子，脑袋也没闲着，回忆着刚才课上孩子们的表现：哪个看起来还有新想法，没来得及发表见解？哪个好像听得不是很专心，似乎不太明白的样子？哪个解题时又偷懒大意，不注意过程的严谨……

打着打着，一个本子中飘出来一张小小的纸条儿，不仅纸条儿小，上面的字迹也很小，像一团小蚂蚁在开会，不仔细眯缝着眼睛，根本看不出来写的是什么。一看这特别的字迹我就知道是谁了，只有他会把字写这么小，好像生怕别人窥探到他的秘密似的。尽管眼睛酸涩，可我还是耐心地分辨着上面的内容："老师，这几天我听讲很认真，同学们介绍的解题方法我都听懂了，谢谢您！谢谢大家！"我看完纸条后呵呵笑了，臭小子，还写"感谢信"！我刚要把纸条收起来，却发现背面似乎也有字。哟嗬，居然还拿张用过的废纸写，真节俭！再一仔细看，我却呆住了！纸条背面的字更小，也不知道他是怎么写得这么小，内容却让我愣住了："老师，我不想只回答那些简单的基本问题，我也想走上讲台介绍方法，我也想给组里加分！"

看着这张纸条，我顿时有些恍惚，脑子里闪过一幅幅画面：一年前，我刚接班，在补考的教室里见到了这个憨直的胖小子，看着他盯着试卷不知如何下笔的样子，我有些无力；又一个月的单元验收中，他急得手捧练习小卷哇哇大哭，边哭边拿脑门儿磕桌子沿儿，我有些心酸；后来，我逮着机会就给他吃小灶儿，有时下班后也拖着他不让他回家，非让他把当天课上我讲的所有例题讲给我听，直到他妈妈下晚班来接他；再后来，我偷偷把第二天要上课的内容提前讲给他听，等第二天上课提问时，再让他站起来回答，答对了，全班同学哗啦哗啦鼓掌，激动地他呜呜哭，当然这次是美的；再接着，我不用提前给他讲了，他能在上课时自己专心听讲了，我就拣一些比较基础的让他答，他一般也能答得很好了；最后，我们小组互相交流时，他也能大着胆子把自己的解题方法和大家交流了，尽管那些方法都很基础，可大家的肯定和认可还是让他激动不已……

现在，他又向我提出了这样的要求，我的内心不可谓不激动，一个曾经连普通的分数四则混和运算计算题都算不对的孩子，现在向我提出想走上讲台，给全班同学讲课，我能不高兴吗？可这要求也让我很为难，他的进步我们全班同学都看在眼里，可他的水平我也心里有数，基础题还可以踏踏实实做对，碰到稍微思维难度大些的题目，就没那么有把握了。让他走上讲台，会为他树立更多的自信，他在和同学相处时，也会处于更平等的地位，就像他自己说的，不光是接受帮助的人，也想成为付出努力并获得成果的人，这对他今后的学习太重要了，我无法不答应。但是在一个什么机会下让他走上讲台才合适，这是我需要好好思考并寻找的。

很快机会就来了。在一节百分数应用的课前调研中，我出了这样一个题目，结果发现，两个班的同学几乎如出一辙的解出了题目，只有一个人的答案与众不同，且简洁智慧，让我喜出望外，很巧的是，这是他的答案，天赐良机啊！

当我们全班讨论这道题时，大家纷纷发表自己的见解，抢着说出自己的答案，我点了好几个同学的名字，唯独没有叫他，把他急得不行了，眼睛一直充满期待地望着我。等到大家都平静了，我微微一笑说："有一位同学的方法与大家的都不一样，我们请他来给大家介绍一下吧！"我面向他做出了个请的手势，他激动地站起来，一下子磕到了桌子角，我都替他疼得慌。可他却没在意，噌噌噌跑到讲台上，三两下就画了一幅线段图，接着向大家介绍起了自己的方法。开始时，大家还乐他那么急，可等他介绍完了方法后，没人乐了，短暂的沉默后，全班爆发出了热烈的掌声。"你这方法也太简洁了吧！你怎么想到的？""老师，这方法真直观，还融合对分数的理解。""最主要的是没那么复杂的计算过程啊！"同学们七嘴八舌的评价着他的方法，我就站在一边笑眯眯地看着他脸上一阵一阵激动地红了，由衷地为他高兴！最后不知道谁说了一句："老师，我觉得他这方法应该给他们组双倍加分儿！"其他同学纷纷附和。我自然一百个同意了！

再看这个胖小子，眼里闪着泪花儿，抿着嘴唇，认认真真地给全班同学鞠了个躬！

以前每一次面对那些对数学毫无兴趣的后进生，总觉得自己所要传授的知识是如此派不上用场。至于上课时侃侃而谈，眉飞色舞的词语只能化成苍白无力的表述，怎么样调动后进生对学习数学的兴趣一直是我苦苦寻求的答案。其实，只要我们一直努力不放弃，找到他或者她的闪光点，哪怕只是回答一个最简单的数学问题：$1+1=2$，你都大声告诉他或者她，你是最棒的，继续加油！也许有天，你面前会站着一个爱因斯坦也说不定呢！嘻嘻……

故事64：这节复习课有点怪

文/古香玲（北京市海淀区五一小学）

　　从教25年来我一直认为：学生才是课堂真正的主人。因此在教学中我努力加大课堂教学开放度，创造机会，鼓励学生走上讲台，试着当小老师。

　　为了给孩子们创造这样的机会，我可没少下工夫！课前，认真分析教材，挑选合适的课题。如果太难了，会挫伤了孩子们的积极性，影响教学效果；太容易，不但没有挑战性，也会让学生觉得索然无味。挑来挑去，我终于眼前一亮：对！就准备一节复习课吧！这个内容交流的门槛低，每个孩子都有话说，还能够在互相交流学习的过程中提升认识，提高综合能力！就这么办！

　　当天，我走进教室，对学生们说："孩子们，这个周末的语文课我们要进行单元的复习。"同学们听后都面面相觑，有些同学窃窃私语起来："古老师今天有点怪，上复习课就上呗，干嘛这么正儿八经地特意跑来告知我们一下？""是啊，以前不这样啊！""我知道了！一定是暗示咱们要单元验收了！好好准备吧！""哦，有道理！"看着这一切，我面露微笑，不慌不忙地接着说："这个周末的语文复习课由你们来上！所以这几天回家你们要好好想想，这个单元学习的哪些内容特别重要？针对重点和难点怎么复习？有什么好题或者好的复习办法等等。"教室里顿时热闹起来，有的说："咱们来复习，这可怎么做啊？"也有的说："说起复习，我可有好办法，这回可以跟大家晒一晒啦！"有的在挑选合作伙伴，商量分工办法和各自承担的任务……我拍了拍掌，示意大家安静，然后接着说："这次的复习课，我们还要评选出最佳老师，最佳合作小组！""最佳小组怎么评啊？"一向沉不住气的小于忍不住大声问。我笑着对孩子们说："那就要看哪个组的题目整理得细致，有针对性，哪个组的发言同学最有当老师范儿啦！""好啊！"同学们可兴奋了！自从接受了这个任务，孩子们在学校的表现也发生了很大的变化。以前在楼道内吵吵嚷嚷的不见了，变成了在班里查阅资料；以前一有空就三三两两结伴下棋的不见了，变成了一个个研究小组，共同商议挑选着要出的题目；以前三五成群整天神聊胡侃的不见了，变成了共同精心制作发言PPT的研究小团队……看到孩子们把学习当成了自己的事，并且全身心地投入其中，我心里美滋滋的。

到了上课的那天，孩子们个个神采飞扬，一举手一投足都像模像样的！就连班里平时"上课就迷糊，考试就糊涂"的小胡都一脸严肃地认真倾听。第一组上场了。一看他们就特别的紧张，一个开场白就乐坏了大家："同学们，我们现在开始下课！"同学们哄堂大笑，齐声喊："老师再见！""哈哈！老师别紧张，老师现在刚上课！"这个小组的组长赶忙说："对对对！同学们请赶快坐好，我们这就开始上课！请看大屏幕……"随后，班里渐渐平静下来，大家都被他们的讲解吸引住了。第二组的同学就不那么紧张了，他们制作的PPT特别精美，一看就知道下了不少工夫。第三组的同学讲解的时候，每个环节都紧紧相扣，让大家都很有收获。最值得一提的是第四组的同学。负责讲解的小老师今天特意盘了头发，还带了一副眼镜。她用手指着小黑板大声说："请大家专心听讲，表现好的同学下课有奖品哦！"嘿，还真有老师的那股劲儿！整节课，孩子们站在讲台上的侃侃而谈，台下的饶有兴味的专心倾听，不时有人提出问题，大家又热烈讨论起来……看着孩子们的优秀表现，我感到无比快乐和幸福！

在接下来的日子里，我不断地探索、尝试，努力在每节课中都给学生创设一个宽松、和谐、平等、民主、愉快的学习环境，让学生走上讲台，真正成为学习的主人。

故事 65：自我价值怎实现

文/李维东（北京市海淀区五一小学）

　　小辰同学在学校小有"名气"，他见谁招谁，谁的话也不听，而且逆反心理很强，只要他高兴，想怎么着就怎么着，着实让任课教师头疼，家长请了多次，效果不明显。他的父母都是老师，在教育孩子方面，意见很不统一。特别是他的妈妈，从小对他娇生惯养，任其发展，所谓向西方的家庭学习，准备把孩子培养成一个天才，所以孩子无论出现什么的问题，都护着哄着。父亲有时候看不惯了多说几句，妈妈就会急。长此以往，小辰的坏习惯越来越多，把妈妈气得住进了医院。

　　随着年龄的增长，身体的发育，进入六年级，小辰同学的身高和身体素质眼看着就明显地好起来了：身高达到了1.75米，身体各项素质远远超过了达标测试优秀的水平。这时候，他想加入学校田径队。但是我心里一直处在矛盾之中：首先是小辰已经六年级了，错过了秋季运动会，只有一次春季的比赛机会，吸收他入队，能否取得成绩？更关键的是他的不良习惯让老师心里没底，他能遵守校田径队的纪律，他能吃得了训练的苦吗？会不会训练上没出成绩还搞得训练队不得安宁？但是看着孩子这样好的身体素质，如果不练，实在有点可惜。于是，我还是决定吸收小辰同学进入校田径队。

　　带着"试一试"的想法，我和小辰同学一起开始了田径队的训练。尽管入田径队前，我和小辰同学就训练的要求，如不能因为训练耽误学习等进行了谈话，也与家长进行了沟通，但一开始近半个多月的假期训练效果实在是让我很为难：小辰同学表现出既吃不了苦又不好好练，还经常在田径队惹麻烦。更挠头的是开学第一天，班主任找到我，说小辰同学假期训练后，更不爱学习了。我开始有些动摇了，一度不想让他练了。但是，当我就其问题与想法与家长沟通时，看到他爸爸很伤心，用他的话讲：孩子能让学校选进校队，这让他觉得脸上都有光。看到家长充满期待的眼神，我想：尽管小辰目前没有明显的转变，但有家长的支持，作为教师有义不容辞的责任，就打消了放弃小辰的念头。通过试训，小辰的项目基本定下来是跳高。我渐渐地发现，这孩子挺有意思，在老师指导技术的时候，从来不听，只是一味地跳，能看得出来他非常喜欢这个项目。从这一点上我感觉到，孩子在遇到自己喜欢的事情以后，是能够克制自己的不良习惯。基于这一点，我不时地开导他，从他喜欢的跳高项目讲到怎样对待平时学习中的问题；从肯定他在训练中积极参与练习的态度，到帮他分析如何不能只凭兴趣干事，还要讲究做事的程序和方法；从学校、老师如何信任他，讲到爸爸妈妈对他的期待；告诉他，许多事情，不是靠别人怎么要求的，而是看自己给自己定的标准如何，要相信自己，只要自己肯努力，就一定能做好。

渐渐地，小辰在各方面都有了改观。但习惯的养成不是短时间内可以改变的，在此后一段时间里，小辰同学依然会有一些"老毛病"反复出现：如我在讲解技术动作时他不听；自己练习动作时常常爱招惹其他同学；作业也不时出现潦草、敷衍的情况等。针对这些问题，我想作为教师，既然吸收他入队了，看到了他的体育潜质与对体育项目的兴趣，那就要在肯定其优点的同时，宽容他的不足，给他一个安全的成长环境，绝不能因为他"老毛病"的反复就让他感觉老师对他的嫌弃与放弃。但我也更加清楚，宽容不等于纵容，因此，我从小辰的兴趣出发，设计多样的热身活动，调动他积极开展热身活动；从他的特点入手，设置他与其他队友竞赛的环节，激发他的竞争意识和上进心。此外，还通过师生评价、生生互评、学生自评等环节，让学生在评价过程中，意识到良好的过硬的意志品质是取胜的关键。

同时，我还注意以身示范，不管是北风凛冽，还是烈日炎炎，都提前到运动场迎候学生，用自己饱满的工作状态感染学生，用自己标准的示范动作吸引学生，用自己严谨的作风教育学生。正如孟子所说："以德服人，心中悦而诚服也。"此外，我还及时与班主任沟通，与家长反馈，为他创设积极的、正向的成长环境，让他在教师、家长的宽容中不断修正自己的行为。

小辰同学在海淀区运动会取得了名次，与其他同学一起受到了学校的表彰。从那以后，小辰转变了很多，无论是在纪律上、学习上，都有了很大提高。用他爸爸的话是：孩子找到了自身的闪光点，对任何事情都不消极对待了。在后来的训练中，小辰同学像变了一个人，训练积极性非常高，老师说的话也能够听进去了，训练也比原来刻苦了。看到家长和孩子在获得成绩后的那股高兴劲，我打心里感到了欣慰。

苏联教育家苏霍姆林斯基在谈起教育技巧时说："教育者与自己教育对象的每次接触，归根结底是为了激励对方的内心活动。"心理学家认为，人总是有一种成功的欲望，学生更是如此。作为教师，我亲历了"发现、接纳、转变"——小辰同学的教育过程，进一步感到作为教师，不仅要有一双善于发现学生长处的慧眼，还要有一颗接纳孩子不足与缺点的宽容之心，更重要的是还要相信，即使是最让人头痛的学生，内心都有着一种渴望进步，渴望得到认可，渴望得到尊重的愿望。

看到小辰的转变，我认识到：要善于发现学生身上的闪光点，勇于接纳学生身上的不足，在日常的工作中捕捉教育的契机，就能促进学生的发展，品尝到教育的幸福。我在教育小辰的案例中写道：大地包容了种子才有了收获；大海包容了小溪才有了浩瀚。教师的胸怀应该像海洋，可以包容学生的一切；教师的心灵，应该像天堂，可以让所有的学生都在其中自由翱翔。

故事66：一份小报，一份成功

文/张娜（北京市海淀区五一小学）

从这学期开始，每周五的数学作业我都会让孩子们根据自己的喜好、兴趣选择与数学有关，并且自己喜欢的方式和内容来完成作业。起初，孩子们只是从网上找数学小故事做成电子的数学小报，打印下来上交。直到有一天，班中小王的数学小报吸引了大家的注意力。

小王在班里是一名很淘气的小男孩，下课的时候总能看到他与班里其他男生打闹；站在队里也是小动作最多的；对于上课的知识，他总会有很多的问题，而且不举手就脱口而出。也许正是因为他的好问，才使得他的想法很奇特，知识面也很广。

又是周一交作业的时间，我照例收上孩子们的个性化作业，从中选出优秀的作品放在班级板报中进行展览。可是小王的这份作业，着实让我吃了一惊。整个版面是手绘的图案，小报的主题是关于数独的，小报的左侧是有关数独的介绍、来源、方法等，在小报的右侧出示了一道数独题目。待我将小报贴出来，孩子们也都眼前一亮。因为之前的作品大都是一些数学家的故事抑或是某个数学定理以及公理被证明和验证的过程，像这样与数学相关的小游戏却从来没有出现过。

这样一幅小小的作品，吸引了全班同学的注意。有的会仔细阅读有关数独的介绍；有的拿出纸和笔将小报上的题目抄写下来，利用课余时间研究；还有的一下子对数独产生了兴趣，回家开始查阅资料，学习数独。班里一时间掀起了数独热。课间里，没有了往日的喧闹，却是三个一群，五个一伙在研究数独题目。班里的学习氛围越来越浓了。当然，小王也成了班里的"小明星"。每个同学都用非常羡慕的眼光看待小王，打心底里佩服他。

　　从那天起，我发现小王自信了。因为一到下课时间，他就会被班里的同学围住，他们拿出自己准备的数独题，和小王一起探讨。小王就像个小老师一样，既耐心又细心地为同学们解答与数独有关的问题，同时也会将自己所学到的方法教给大家。教室里常常传出这样的声音："这里应该填5，因为在这一行差3和5，这一列当中已经有3了，利用排除法。"有时也会有孩子们争论的声音："这里不能填6。""这里能填。"每当这个时候，就会出现另外的一个声音："问问小王，让他帮咱们看看。"

　　就这样，小王在同学们的心目中高大了起来，小王自身也在悄然发生着变化。他越来越想成为同学心中的榜样，在纪律方面也开始严格要求自己。在之后的班级评比中，他一下子成为了前十名。

　　一份小小的数学小报，让小王感受到了成功。其实每个孩子都能成功，都有自己身上的闪光点。作为教育者的我们，要常常带着欣赏的眼光看待每一名孩子，同时为孩子们创造机会，发掘他们的潜能，发挥他们的天赋。

【专家点评】

用学科智慧点亮幸福课堂

中国教育科学研究院 王小飞（博士）

教学如果没有进行德育，就只是一种没有目的的手段；德育如果没有课堂教学，就是一种失去手段的目的。从赫尔巴特、苏霍姆林斯基、里克纳到诺丁斯，大都认同这种关于德育与各学科教学之间关系的大致诠释。然而，"课堂教学"＋"德育"≠"课堂德育"，更无法获得"幸福德育"的结论。如何实现两者之间的结合，并让学生在教师的带领下追求到真正的"幸福"呢？幸福的课堂是教师多给学生一份等待、激励、点拨或留白？还是激励学生鼓起自信之帆，自主地去感悟、体验、思考和探究……对于这些抽象的问题，教师们从丰富多彩的各学科课堂教学实践中寻求到了"答案"。故事中的这些教师们，以最为本真为"智慧"方式，生动地解释了学科德育的"大道理"。如此方式，或可实质地改变和规避时下学校"概念化"德育实验中经常出现的"被智慧"和"被幸福"的"流行"套路与窠臼。

各科课堂教学中的德育，就"大德育"本身而言，是发现了一个又一个潜力巨大的"矿藏"。忽视课堂教学的德育渗透，就是忽视其基本的育人功能。不利用各科课堂教学开展德育，无疑是德育工作的重大损失。莽常燕老师以数学课堂中数字故事教学为途径，"连通"并"点亮"了学生的文明行为教育，进而又拓展和延伸至美术课、写字课等课程中的习惯教育、规则教育以及环境教育的多个"矿藏"，从小处着眼，从学科入手，一点一滴地扎实培养小学生的行为习惯与文明意识。

智慧课堂的实现，必然需要通过一番努力，其结果将是幸福课堂的达成。这里，充满智慧的各学科的教师将是这场"蝶变"的"导演"。智慧既可是透过现象看本质的艰苦思考，也可是苦思冥想之后的快意顿悟。无论如何，"灵光乍现"之时的幸福感最为真实、也最为可靠。田桂梅老师立志做一名智慧型教师，以一双能够发现学生闪光点的眼睛，将一颗宽容博大、爱意充盈的心，捧在了所谓"后进"或信心缺失的学生面前。这种选择既使原本7节完成的课时以5节完成，也使学生享受到了获得知识后的喜悦，生发了学习的自信，并由衷地发出了"老师，这堂课感觉真好"的感叹，更使教师体验到了教学上的巨大成功。您能想象得到，这种智慧感充盈的幸福教学，居然是来自一堂"除法竖式"学习的数学课堂吗？

有时候，幸福的课堂往往距离我们很近，只是我们时常忘记了那点小小的鼓励的神奇作用。孙伟娜老师的激励眼神，祁建华老师的数学故事，杨璐老师的鼓励之语，都神奇地"点亮"了一颗颗渴望学习的孤寂之心。激励的眼神告诉孩子们，人不是天生就能干好每一件事的，都是在困难中成长起来的。教师们的数学故事从学生的生活经验入手，结合年龄特点，激发了他们学习的兴趣和情感。一次小小的鼓励，或者"你是最棒的，继续加油！"，让人们坚信未来这些孩子中一定会产生一个爱因斯坦！产生如此积极作用的"大爱"精神，难道不正是我们追求的"大智慧"吗？

因此，"等待花开"也是一种爱，这种爱同样会"点亮"很多"受伤天使"们的快乐。闫宜端老师相信每个孩子都是天使的传说，不愿错过每一次的等待机会，用自己真诚的爱帮助"折翼"的儿童修复翅膀，并帮助他们享受和普通孩子一样的学习权利和成功，让他们也能轻舞羽翼，快乐飞翔。没有等待花开的时间、空间和"耐心"，高红梅老师也无法在她的分数课堂上发现孩子们在想什么，更无法获得孩子们还给她的一个个惊喜："孩子们表现精彩极了，有的孩子用画图法，有的孩子用方程，有的孩子用假设法，一节课孩子们发挥了自己的特长……"

幸福的课堂需要智慧的点拨和留白。在宋有青老师的数学课上，教师的课堂教学语言全部加起来不足五分钟，但却有效地点拨学生发现了"新问题产生——问题解决——新问题产生"的过程和规律。教师在关键之处的智慧点拨，为孩子们留出了发展的空间，为他或她的高飞插上了翅膀。"留有余地"就是教育上留白的艺术和智慧，需要教师的耐心，更需要坚持慢慢来的勇气。龙应台说："我愿意等上一辈子的时间，让她从从容容地把这个蝴蝶结扎好……孩子，你慢慢来，慢慢来！"只有参与其中的教师才能真切感受和分享到此刻学生探究的乐趣和顿悟的快乐。

幸福的课堂既需要观察，也需要思考。李胜颖老师在作文课教学中，以天空中不经意的一朵云彩、一次日常生活中的经历、一只小小的马蜂来袭的偶发事件，创造出了一个又一个的奇迹般的德育契机。贴近学生的生活化的作文教学，不是教师精心"备"出来的，而是来自于学生的日常生活；它更不是一板一眼、"正儿八经"的学习指导，而是学生细心观察生活与人生的所念、所想、所感、所悟。这个时候，哪位教师又能说学科教学对于德育而言是"无米之炊"呢？

幸福的课堂更是学生民主探究和自主探索的结果。儿童对于自己是一个发现者、研究者、探究者的需要，有时候表现得比成人世界更为强烈。古香玲老师在语文复习课上，鼓励学生走上讲台做"小老师"；董秀丽老师在国画课上，让学生自己办画展，让所有的学生既当观众也当评委；刘晓秀老师则在识字课上让学生们自己动手，创造出了多种识字方法与途径，增大了识字量，也培养了自主学习的兴趣与能力。学生们自主地探究与参与，使得严肃的课堂变得生动活泼，给学习带来了无穷的乐趣，让他们在游戏中玩、在游戏中乐、在游戏中学、在游戏中成长、在游戏中益智，既尊重了学生的愿望、乐趣、情感，又激发了学习的潜能、热情，给今后的课堂教学生发出许多新的契机。

后记：从"四块的故事"看教育叙事

陶行知（1891～1946年）是中国历史上伟大的人民教育家。1939年，陶行知先生在重庆创办了育才学校。它是陶行知创办的成绩最大的学校，学生主要是保育院的难童。因为对学生不收学费和生活费，所以经费非常困难。有人问陶行知："你何必背着石头过河呢"？陶先生说："我背的不是石头，是爱人"。这是对学生的爱，对学校的爱，对教育事业的爱，对劳动人民的爱，对中华民族的爱。

陶行知先生在做校长时，有一天，校园里一个学生王友在打另一个学生。陶行知匆忙走过去喝住，然后对王友说："你下午三点钟到我办公室来！"下午三点钟，王友诚惶诚恐地来到他的办公室，准备接受严厉的惩罚。不料，陶行知竟微笑着迎上前去拉住他的手，亲切地让其坐到自己的身边，并从自己的口袋里掏出一块糖来。"让你三点到，你就准时到，说明你很遵守时间，这很好，"陶行知说："这块糖就是对你的奖励。"王友接住糖，满脸疑惑。这时，陶行知又掏出一块糖。"我了解过了，是他欺负女同学你才打他的。"陶行知将第二块糖轻轻地递过去，说："这说明你很有正义感，也应该奖励。"当王友接住第二块糖时，疑惑的脸上开始有了笑容，眼睛里闪烁着一种喜悦的光芒。陶行知掏出第三块糖。"你很懂得尊重别人！"陶行知接着说："当时你打架时，我走过去让你住手你就不打了，这很好嘛，我就喜欢你尊重别人这一点，也应该奖励。"王友接住第三块糖后，开始不好意思起来。他眼睛里的喜悦，渐渐被自责、后悔和羞愧所代替，面对这样的校长，他不得不垂下自己的头来。"打人——毕竟是不对的，"王友低垂着头，小声表态说："校长，我错了，我愿意向他道歉！""好！"陶行知立即从衣袋里又掏出第四块糖，高兴地说："我就知道你是一个知错能改的好学生，更应该奖励！"王友离开陶行知办公室时，眼睛里含满了感动的泪水，而陶行知的脸上，则始终是带着微笑的。

我想有很多老师都听过这则故事，而且也会被陶行知的教育艺术所打动。但是却很少人真的用心去体会这种教育叙事的方法。

叙事研究要求我们不要把所谓结果概括出来讲给别人听，而是要把事实叙述出来，给别人看，也给自己去看，这多多少少有点文学创作的思想，我们的大作家从来不说教，他们把自己的想法隐藏在作品里，其实有时他们也许并没有自己的想法，因为他们觉得现实就是这样，看完后有什么想法那是你自己的事情。我觉得我们在这本书里为您讲的这些故事就是这样，我们并不是想通过这66个幸福德育故事把我的一些想法隐藏在故事中让你去体会，而是让你知道现实就是这样子，怎么做您从中自己体会吧！

陈姗

2013年12月